PHILOSOPHIE

DIE RENTNER-UNI

Jetzt wollen wir's wissen

PHILOSOPHIE

Prof. Dr. Holger Sonnabend

PHILOSOPHIE

Strömungen, Thesen, Theorien
von der Antike bis zur Gegenwart

Inhalt

Renaissance & Humanismus 64

72

102

Aufklärung & Idealismus 88

Neuzeit & Gegenwart 120

PIERII VALERIANI HIEROGLYPHICA
MARCI VELSERI OPERA
CHURCHILLS VOYAGES
FULLERS CHURCH HISTORY

Vorwort

Sie wollten sich schon immer ausführlich mit dem Thema „Philosophie“ beschäftigen und haben nun genug Zeit dafür? Dann ist dieses Buch genau für Sie gedacht. Der Philosophie – vom altgriechischen *philos*, „lieb“, und *sophia*, „Weisheit“, wörtlich übersetzt also „Liebe zur Weisheit“ – geht es um die großen Fragen. Fragen, mit denen sicher auch Sie sich beschäftigen: Wieso ist die Welt so, wie sie ist, wie können Menschen am besten miteinander leben? Warum gibt es uns überhaupt und wie kann man eigentlich zu Wissen, zu Weisheit, gelangen?

Seit rund 3000 Jahren versuchen Denkerinnen und Denker, auf diese und noch viele andere Fragen Antworten zu finden. In der „Rentner-Uni: Philosophie“ unternehmen Sie eine chronologische Zeitreise durch fünf Etappen der Philosophiegeschichte. Sie blicken den Welterklärenden förmlich über die Schulter, lernen Strömungen der Philosophie kennen, tauchen ein in uralte Denkweisen, erleben, wie Philosophie und Naturwissenschaften getrennte Wege gingen, und erfahren, wie philosophische Gedanken manchmal Einfluss auf die Weltpolitik nehmen. Unterhaltsam sind die Anekdoten aus dem Umfeld der großen Weltentwürfe, über die man durchaus schmunzeln kann!

Sie lernen in diesem reich bebilderten Werk die großen Philosophinnen und Philosophen von der Antike bis zur Gegenwart kennen. Von Platon und Hildegard von Bingen über Descartes und Kant bis hin zu Nietzsche und Simone de Beauvoir sowie einflussreichen (Vor-)Denkern der Gegenwart werden die bedeutendsten philosophischen Entwürfe und ihre Vertreter porträtiert. Auf jeder Doppelseite finden Sie eine kurze Zusammenfassung des jeweiligen Themas und am Ende der Kapitel können Sie anhand von Quizfragen Ihr Wissen auf unterhaltsame Weise überprüfen und festigen.

Ich wünsche Ihnen viel Vergnügen bei Ihrer Zeitreise durch das Abenteuer Philosophie! Herzlichst, Ihr

Antike

Heraklit, einer der bedeutendsten antiken griechischen Philosophen, in einer Marmorbüste aus dem 18. Jh.

Thales von Milet beim Gastmahl der Sieben Weisen der Antike.

THALES VON MILET (UM 625 – UM 547 V. CHR.)

Die Erklärung der Welt

Man kennt ihn heute noch aus dem Mathematik-Unterricht. Dort wird der „Satz des Thales" gelehrt, welcher besagt: „Alle von einem Halbkreis umschriebenen Dreiecke sind rechtwinklig." Doch die Mathematik war nur ein kleiner Teil des erstaunlich breiten intellektuellen Horizonts, den der Gelehrte aus Milet aufwies. Die Stadt im Westen der heutigen Türkei, eine alte Gründung griechischer Ionier, machte er zu einem Zentrum von Wissenschaft und Forschung.

Berechnung einer Sonnenfinsternis

Inspiriert von dem frischen Wind, der aus dem Alten Orient herüberwehte, kam er zu bemerkenswerten Ergebnissen. So berechnete er angeblich das Eintreten einer Sonnenfinsternis, die am 28. Mai 585 v. Chr. stattfand. Die Zeitgenossen waren verblüfft: Derartige Phänomene galten gemeinhin als unvorhersehbare Werke der Götter.

Vom Mythos zum Logos

Doch Thales beschritt mutig den Weg vom Mythos, der Götter- und Sagenwelt, zum Logos, der rationalen wissenschaftlichen Erkenntnis. Thales steht am Anfang einer Philosophie, in deren Mittelpunkt die empirisch erfahrbare Natur mit all ihren Phänomen stand. So legte er beispielsweise auch eine revolutionäre Theorie für Erdbeben vor: Nicht Poseidon sei der Urheber, so Thales. Erdbeben ereignen sich vielmehr, wenn auf dem Weltmeer, dem Okeanos, Stürme toben, die die Erdscheibe ins Schwanken bringen.

Als Thales in den Brunnen fiel

Über Thales, der zu den Sieben Weisen der Antike zählte, kursieren viele Anekdoten, darunter folgende: Als er wieder einmal den Himmel beobachtete, fiel er in einen Brunnen. Ein Bauernmädchen machte sich über den zerstreuten Gelehrten lustig: Er strenge sich an, die Dinge am Himmel zu erkennen, habe aber keine Ahnung, was vor seinen Füßen passiere.

Die Suche nach dem Urstoff

Thales' herausragende Leistung besteht in der Suche nach einem Urstoff, der die Welt zusammenhält. Schließlich definierte er das Wasser als Ursprung von Erde und Kosmos. Seine Schüler Anaximander und Anaximenes setzten seine Arbeit fort, sahen die Ursubstanz aber im *apeiron*, dem Unbestimmten, bzw. in der Luft.

Mit Thales begann die philosophische Erforschung von Natur und Kosmos. Das Wasser war für ihn der Urstoff der Welt. Seine Schüler Anaximander und Anaximenes entwickelten seine Lehren weiter.

HERAKLIT (UM 550 – 480 V. CHR)

Die Lehre von der Bewegtheit der Dinge

Wie die meisten Geistesgrößen der griechischen Frühzeit stammte Heraklit von der kleinasiatischen Westküste. Geboren wurde er in Ephesos. Er gehörte zu den klügsten Köpfen seiner Zeit und führte den Mitmenschen seine intellektuelle Überlegenheit immer wieder vor Augen. Er unterstellte z. B. dem renommierten Mathematiker Pythagoras, ein Betrüger zu sein. Am Ende seines Lebens soll er sich ins Gebirge zurückgezogen haben, wo er im Alter von etwa 60 Jahren starb.

Eine Welt in Bewegung

Wie bei den ionischen Naturphilosophen stand im Mittelpunkt seiner Forschungen die Antwort auf die Frage, nach welchen Prinzipien Natur und Kosmos funktionieren.

Die bekannteste ihm zugeschriebene Formulierung lautet: „Panta rei" („Alles fließt"). Doch Heraklit hat diesen Satz selbst nie gesagt. Dabei handelt es sich um eine spätere, prägnante Zusammenfassung einer seiner zentralen Lehren: Es gebe in der Welt nur ein ewiges Werden und Vergehen. Alles befinde sich in ständiger Veränderung. Was nach Konstanz, nach Gleichförmigkeit, aussehe, sei in Wirklichkeit eine Täuschung. Eine wichtige Rolle spielt in Heraklits Denken dabei das Feuer. Dieses Element breite sich rasant aus und symbolisiere damit den Vorgang, dass alles auf der Welt in Bewegung sei.

Weinen & Lachen

Heraklit galt schon in der Antike als „weinender Philosoph", da er die Torheit der Menschen beklagte. Demokrit als „lachender Philosoph" sah in der Glückseligkeit das höchste Gut (siehe auch S. 17).

Konkurrenz in Süditalien

Heraklit nahm mit dieser Überzeugung die Gegenposition zu den Lehren des Parmenides (um 540/515 bis um 470/455 v. Chr.) ein. Der in Elea in Süditalien lebende Philosoph erklärte, in der Welt gebe es kein Werden und Vergehen und auch keine Vergangenheit und

Heraklit auf Raffaels Fresko *Die Schule von Athen* (um 1510/11).

Nach Heraklit sind Welt und Kosmos einer ständigen Veränderung ausgesetzt („Alles fließt"). Das Feuer sei die Ursubstanz. Aus Kriegen entstünden neue Ordnungen.

Zukunft. So konkurrierte die statische Weltsicht des Parmenides mit der dynamischen Weltsicht des Heraklit. Später profitierte Demokrit von diesem Streit, als er die Lehre von den Atomen entwickelte.

Krieg und Kosmos

Auch einen anderen Satz, der oft zitiert wird, hat Heraklit nie so gesagt: „Der Krieg ist der Vater aller Dinge." Das Heraklit-Original lautet: „Kampf ist der Vater von allem. Die einen macht er zu Göttern, die anderen zu Menschen." Aus dem Prinzip des Kampfes entstehe eine neue Ordnung.

DEMOKRIT (UM 460 – ZW. 380 UND 370 V. CHR.)

Atome – Bausteine der Welt

Der Forscher aus dem nordgriechischen Abdera gehörte zu den einflussreichsten Gelehrten der Antike. Über sein Leben ist an gesicherten Fakten neben der Herkunft allerdings nur bekannt, dass er imposante 90 Jahre alt wurde.

Vorgänger und Vorbilder

Demokrit war nicht der Begründer der antiken Atomistik, wohl aber deren wichtigster Vertreter. Philosophische Erkenntnis war zu allen Zeiten „Teamwork" und nicht einsames Werk großer Geister. Viel hat er von seinem Lehrer Leukippos gelernt. Beeinflusst war er auch von Parmenides, der einige Jahrzehnte vor ihm gelebt und gewirkt hatte. Auf diesen geht die Lehre zurück, wonach sich die Welt nicht der sinnlichen Wahrnehmung, sondern nur dem forschenden Verstand erschließe. Das Sein, so Parmenides, sei zeitlos, statisch und ewig – und nicht, wie Heraklit meinte, in ständiger Bewegung bzw. Veränderung.

Von Demokrit zu Heisenberg

Der deutsche Physiker Werner Heisenberg (1901 – 1976), 1933 mit dem Nobelpreis ausgezeichnet, kannte sich in Demokrits Atomlehre gut aus. Die Lehren des antiken Denkers inspirierten ihn u. a. zu seiner Quantenmechanik, die das Verhältnis von Atomen und Molekülen und von Flüssigkeiten und Festkörpern bestimmt.

Die Unteilbaren

Für Demokrit besteht die Welt aus dem Nichts und den Atomen. Die Atome seien die kleinsten, nicht vergänglichen Bausteine der Materie. Ihre spezielle Eigenschaft sei die Unteilbarkeit (das Wort „Atom" leitet sich vom griechischen *átomos*, unteilbar, ab). Sie bewegten sich, stießen einander an und formierten sich zu den für die Menschen sinnlich wahrnehmbaren Objekten.

Darstellung von Demokrit als lachenden und Heraklit als weinenden Philosophen (links). Im Weltbild Demokrits stehen die Erde und die Planeten im Zentrum, umgeben von Sternen und Atomen (unten).

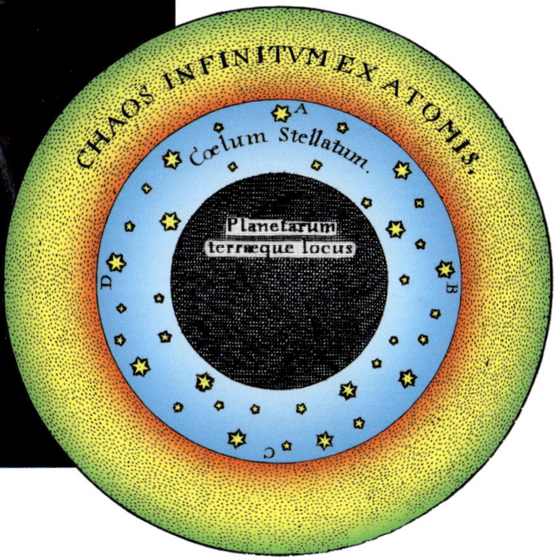

Entstehung der Welt

Unsere Welt, so Demokrit, sei durch das Aufeinanderprallen von Atomen entstanden. Diese hätten Wirbel gebildet, aus denen das Sonnensystem hervorgegangen sei, mit der Erde in der Mitte, umgeben von den Gestirnen. Die Atomwirbel hätten zudem für die Entstehung weiterer Welten gesorgt, die sich der menschlichen Wahrnehmung entzögen. Auch der Mensch bestehe aus Atomen und dem Nichts; in ihm vollzögen sich dieselben Prozesse wie in der Materie.

Für Demokrit sind die Atome die kleinsten, unteilbaren Elemente der Materie. Die Welt, der Kosmos und der Mensch bestünden aus Atomen und dem Nichts.

Die Philosophie des Sokrates beeinflusst unser Denken bis heute.

SOKRATES (UM 470 – 399 V. CHR.)

Im Dialog auf der Suche nach der Wahrheit

Eine Szene, die die Menschen in Athen gut kannten: Auf dem Marktplatz steht der Philosoph Sokrates, hält die Passanten an und verwickelt sie in Gespräche, die harmlos beginnen, sie aber schnell in immer größere argumentative Schwierigkeiten stürzen.

Die Aporie

Der seltsame Mann stellt scheinbar einfache Fragen wie „Was ist Frömmigkeit?", „Was ist Tapferkeit?", „Was ist Gerechtigkeit?". Mit den Antworten ist Sokrates aber nie zufrieden. Ihm kommt es nicht, wie seinen Dialogpartnern, auf Beschreibung von Einzelfällen, sondern auf die hinter diesen Fällen stehende allgemeine Erkenntnis an. So drängt er seine „Opfer" mit weiteren Fragen so sehr in die Enge, dass sie sich in Widersprüche verwickeln und an ihrem Wissen zu zweifeln beginnen. An diesem Punkt der „Aporie", der – wörtlich übersetzt – „Ausweglosigkeit", gibt Sokrates dem Gespräch eine Wende und begibt sich mit seinem Gegenüber auf die gemeinsame Suche nach der Wahrheit.

Diese Methode, die Wahrheit über die Dinge ans Licht zu bringen, hat Sokrates selbst als „Maieutik", als „Hebammenkunst", bezeichnet – angeblich war seine Mutter Hebamme, das ist aber nicht bewiesen. Die Symbolik ist jedenfalls klar: So, wie Hebammen Kinder zur Welt bringen, so brachte Sokrates die Wahrheit hervor.

Philosophie für die Menschen

Der in Athen geborene Sokrates machte Philosophie für die Menschen und mit den Menschen. Er schuf Maßstäbe, sodass man die griechische Philosophie bis heute in die Zeit vor Sokrates (die „Vorsokratiker") und die Zeit nach Sokrates einteilt. Und nicht nur das: Seine Bedeutung für die abendländische Philosophie kann gar nicht überschätzt werden!

> „Ich weiß, dass ich nichts weiß.

Sokrates wirkte allein durch das gesprochene Wort, aufgeschrieben hat er nichts. Das meiste, was wir über ihn und seine Lehren wissen, stammt von seinen Schülern Platon – der Sokrates' Denken in literarisch gestalteten Dialogen vermittelte – und Xenophon. Vieles bleibt daher ungewiss. Sicher ist aber, dass Sokrates den Menschen den Weg zur Erkenntnis, zum Wahren, zeigen wollte. Das berühmte ihm zugeschriebene Zitat „Ich weiß, dass ich nichts weiß" ist somit nicht etwa ein Eingeständnis des Nichtwissens, sondern im Gegenteil der Mutmacher, geläufige Vorstellungen immer wieder zu hinterfragen.

Nach Sokrates soll der Mensch den Weg zur Wahrheit und Erkenntnis erlernen. Dazu dienten ihm die Methoden des Fragens, der Aporie („Ausweglosigkeit") und der Maieutik („Hebammenkunst").

SOKRATES (UM 470 – 399 V. CHR.)

Gut sein kann man lernen

Sokrates ging es darum, die Wahrheit zu finden, aber gleichzeitig auch um das Gute im Menschen. Insofern war er der erste Philosoph, der die Ethik in den Mittelpunkt seiner Lehre rückte.

Philosophie für alle

Sokrates verstand unter dem Begriff „Ethik" das sittlich-moralische Verhalten des Individuums. Er holte, wie es der Römer Cicero formulierte, „als erster die Philosophie vom Himmel herunter". In seinen Gesprächen mit seinen Freunden und Schülern dreht sich fast alles um ethische Fragen – so überliefert es Platon in seinen Dialogen. Sokrates war überzeugt, dass die Menschen an sich gut und Tugend sowie mithin das Gute lernbar seien. „Niemand tut freiwillig Unrecht", formulierte er einmal. Wie aber dieses anzustrebende Gute bei jedem Einzelnen genau aussieht, wusste Sokrates selbst nicht. Das, so meinte er, wüssten nur die Götter.

Die „zänkische" Ehefrau Xanthippe

Antike Quellen schreiben, seine Ehefrau Xanthippe habe Sokrates das Leben schwer gemacht. Bekannt ist z. B. die Anekdote mit dem Wassereimer, dessen Inhalt sie dem Philosophen über den Kopf gegossen haben soll – woraufhin er feststellte: „Ich wusste, dass auf Xanthippes Donnergrollen Regen folgen würde." Xanthippes Unmut war nachvollziehbar: Andere Ehemänner gingen einträglichen Berufen nach, Sokrates kam vom Philosophieren dagegen mit leeren Händen heim.

Asketische Lebensweise

Reichtümer und Luxus waren seiner Ansicht nach Hindernisse auf dem Weg zum Gutsein. Sokrates war der erste Philosoph, der einen demonstrativ bescheidenen Lebensstil pflegte. In der Öffentlichkeit sah man ihn nur in einem einfachen Wollmantel und barfuß. Als er die üppigen Auslagen der Marktleute sah, soll er gesagt haben: „Wie viele Dinge gibt es doch, die ich nicht brauche!"

Der Tod des Sokrates (1787) von dem französischen Historienmaler Jacques-Louis David.

Anklage und Tod

Das Ende des Menschenfreundes Sokrates war tragisch. 399 v. Chr. wurde er angeklagt wegen Gottlosigkeit und weil er die Jugend verderbe, und zum Tod durch den giftigen Schierlingsbecher verurteilt. Ein Fehlurteil, denn es traf einen Philosophen, der an die Götter und an das Gute glaubte. Allerdings hatte er sich mit seiner unkonventionellen Art viele Feinde gemacht.

Sokrates begründete die philosophische Ethik. Tugend ist seiner Meinung nach lernbar, kein Mensch begeht bewusst ein Unrecht.

In seinem Garten, der Akademie, diskutierte Platon mit seinen Schülern über philosophische Probleme.

PLATON (427 – 348/347 V. CHR.)

Der ideale Staat

Platon, der in Athen zur Welt kam und 80 Jahre später dort auch starb, war ein Schüler des Sokrates. Der ebenso berühmte wie umstrittene Lehrer war sein Vorbild, und indem er ihn in seinen in Dialogform gestalteten Schriften als Gesprächsleiter auftreten ließ, setzte er ihm ein literarisches Denkmal.

Erster Staatstheoretiker

Einen Schwerpunkt der Philosophie Platons bilden der Staat und die Gesetze. Wo Sokrates den Menschen als Individuum in den Blick genommen hat, interessiert Platon eher die Gemeinschaft. In dieser Eigenschaft ist er der erste bedeutende Staatstheoretiker unter den Philosophen. Von immenser Wirkung ist bis in Neuzeit und Gegenwart hinein seine *Politeia (Der Staat)*, ein groß angelegtes Werk über Politik und Staat. Der Gelehrte macht sich darin auf die Suche nach dem idealen Staat und plädiert als Ergebnis seiner Überlegungen für eine Vorherrschaft des Geistes: Im besten Staat sollten die Könige Philosophen und die Philosophen Könige sein. Die Philosophen werden von der Vernunft gelenkt, sie sind daher gegenüber den Emotionen und den Begierden, von denen sich die normalen Menschen leiten lassen, immun. Aber auch die Nicht-Philosophen haben ihre festen Aufgaben. Die „Wächter" sind für die Sicherheit, die Handwerker und Bauern für das Funktionieren der Wirtschaft zuständig. In Sachen Disziplin gibt er beiden Gruppen die Mahnung mit auf den Weg, „sich bei den Freuden des Trinkens, der Liebe und des Essens zu beherrschen".

An der Realität gescheitert

Ein solcher von der Harmonie seiner einzelnen Teile geprägter Staat aber war, wie Platon frustriert feststellen musste, eine Illusion. Der Versuch, in Syrakus, wo Tyrannen herrschten, einen solchen Idealstaat in die Realität umzusetzen, scheiterte am Widerstand der politischen Eliten, die um ihren Einfluss fürchteten. In seinem Spätwerk, den *Nomoi (Die Gesetze)*, sucht Platon nicht mehr nach dem besten, sondern nach dem bestmöglichen Staat. Die Demokratie ist dies seiner Ansicht nach nicht. Als überzeugter Anhänger einer Aristokratie misstraut er der politischen Urteilsfähigkeit des Volkes.

Platon ist der Begründer der Staatsphilosophie. Als idealen Staat sieht er ein Gemeinwesen an, in dem die Philosophen Könige und die Könige Philosophen sind.

PLATON (427 – 348/347 V. CHR.)

Im Reich der Ideen

Berühmt wurde Platon neben der Staatsphilosophie durch seine Ideenlehre, die ihn zum Pionier der Erkenntnistheorie machte. Es gibt, so lehrte er, einen Unterschied zwischen den Dingen und den Ideen von den Dingen. Die Idee der Schönheit etwa sei unvergänglich und einmalig, dagegen gebe es beliebig viele vergängliche schöne Dinge.

Das Höhlengleichnis

Für alle, die Schwierigkeiten hatten, diese abstrakte Argumentation zu verstehen, veranschaulichte Platon sie mithilfe des Höhlengleichnisses: Menschen, die in einer Höhle festgebunden sind und nur nach vorn auf eine Wand blicken können, sehen auf ihr die Schatten von Gegenständen, die hinter ihnen an einer Lichtquelle vorbeigetragen werden. Die Ideen (Gegenstände) lägen, im Gegensatz zu ihren Abbildern (Schatten), außerhalb der sinnlichen Wahrnehmung. Alles, was der Mensch sehe, sei eine Widerspiegelung der Ideen.

Kaderschmiede Akademie

Um 387 v. Chr. erwarb Platon in einem Park im Nordwesten Athens, der nach dem Heros Akademos benannt war, ein Haus und ein Grundstück. In der beschaulichen Atmosphäre dieses Gartens versammelte er eine rasch wachsende Schülerschar um sich, aus der viele bedeutende Gelehrte und Politiker hervorgingen.

Erkenntnis und Ethik

Für Platon war Philosophie keine Ansammlung einzelner Lehren, sondern ein in sich geschlossenes, zusammenhängendes System. So verband er seine Erkenntnistheorie mit der Disziplin der Ethik. Der Weg aus der Höhle zum Licht ist für ihn zugleich der Aufstieg zur Idee des Guten. Dabei identifizierte er vier Kardinaltugenden: Weisheit, Tapferkeit, Besonnenheit und Gerechtigkeit. Wie Sokrates hielt Platon Tugend für lernbar. Höchstes moralisches Ziel müsse die innere Harmonie zwischen den drei Seelenteilen – dem erkennenden, dem wagemutigen und dem begehrlichen Teil – sein.

Platons Höhlengleichnis sollte seine Ideenlehre veranschaulichen (Gemälde aus dem 16. Jh.).

Als Pionier der Erkenntnistheorie unterscheidet Platon zwischen den Dingen an sich und der Idee von den Dingen. Im Höhlengleichnis gibt er dieser Auffassung eine anschauliche Form.

Hier schließt sich der Kreis zu seiner Staatsutopie. Denn wie die Seele aus drei Teilen bestehe, so bestehe der ideale Staat aus den drei Ständen der erwerbstätigen Handwerker, Bauern und Händler, der als „Wächter" bezeichneten Streitkräfte und – an der Spitze – der allein vernunftbegabten Philosophenherrscher.

Aristoteles ging beim wissenschaftlichen Arbeiten streng methodisch vor (Illustration von 1867).

ARISTOTELES (384 – 322 V. CHR.)

Einer, der alles weiß

Aristoteles war ein Universalgelehrter. Es gibt kaum ein Wissensgebiet, auf dem er sich nicht auskannte. Der Bogen seiner wissenschaftlichen Interessen reichte von der Logik, Rhetorik, Staatsphilosophie, Physik und Ethik bis zu Spezialgebieten wie der Meteorologie. Entsprechend beeindruckend ist seine Leistungsbilanz: Aus seiner Feder stammen nicht weniger als 400 Werke, von denen aber nur 47 erhalten sind.

Lieber gehen als stehen

Geboren wurde Aristoteles in Stageira auf der Halbinsel Chalkidike. Seine ersten Sporen als Forscher verdiente er sich in Platons Akademie. Später gründete er in Athen seine eigene Schule mit dem Namen *Peripatos* („Wandelhalle"). Diese Bezeichnung trug seiner Überzeugung Rechnung, dass Denken im Umhergehen besser funktioniere als im Stehen oder Sitzen.

Streben nach Gemeinschaft

Von großem Einfluss war die Staatslehre des Aristoteles, die er in seiner *Politiká (Politik)* darlegte. Anders als Platon, der einem utopischen Ideal folgte, stand Aristoteles fest auf dem Boden der Realität. Diese war geprägt von der Polis, dem griechischen Stadtstaat der damaligen Zeit. Berühmt wurde seine Aussage, der Mensch sei ein *zoon politikon*, ein von Natur aus nach Gemeinschaft strebendes Lebewesen.

Begnadeter Methodiker

Das Markenzeichen von Aristoteles war eine strenge Methodik. Seine Forschungen waren analytisch, logisch und empirisch. Für die meisten seiner Kollegen hieß Forschen, sich an einen ruhigen Ort zu begeben und dort nachzudenken. Aristoteles hingegen baute ganz auf die praktische Wahrnehmung und Beobachtung der Dinge. In einem zweiten Schritt versuchte er dann, die allgemeinen Prinzipien zu erkennen, auf denen die jeweiligen Phänomene beruhen. Bis heute hat sich an diesem grundsätzlichen Vorgehen bei der wissenschaftlichen Arbeit kaum etwas geändert. Daran wird deutlich, warum Aristoteles wie kaum ein anderer Forscher der Antike das Denken nicht nur des Mittelalters, sondern auch das der Neuzeit beeinflusst hat.

Aristoteles war ein Universalgelehrter mit einem erstaunlich breiten Spektrum an wissenschaftlichen Interessen. Seine Forschungen waren von einer strengen Methodik geprägt.

ARISTOTELES (384 – 322 V. CHR.)

Wie der Mensch leben soll

Sokrates hatte mit seiner Philosophie über den Menschen und für den Menschen den Weg für die philosophische Disziplin der Ethik geebnet. Daher verwundert es nicht, dass sich auch der vielseitig interessierte Aristoteles mit Fragen der sittlich-moralischen Existenz des Menschen beschäftigte.

Glück durch Tugend

Seine Erkenntnisse hierzu trug er in einer Schrift mit dem Titel *Nikomachische Ethik* zusammen, benannt vermutlich nach seinem Sohn Nikomachos. Da Aristoteles von einem pädagogischen Eifer beseelt war, spürt man in dieser Schrift auf fast jeder Seite den erhobenen Zeigefinger – alles aber natürlich zu einem guten Zweck. Aristoteles möchte, dass der Mensch ein glückliches, zumindest zufriedenstellendes Leben führt. Ganz im Sinne des Sokrates vertritt er dabei die optimistische Position, dass Tugend und Gutsein erlernbar seien.

In der Antike hatte der Begriff „Tugend" (der griechische Begriff lautet *areté*) einen fest umrissenen Bedeutungsinhalt. Schon Platon hatte vier Kardinaltugenden festgelegt: Weisheit, Tapferkeit, Besonnenheit, Gerechtigkeit. Für Aristoteles lassen sich zwei Formen von Tugend unterscheiden: die Tugenden, die auf Gewohnheit beruhen, und die Tugenden des Verstandes.

Hauslehrer Alexanders des Großen

König Philipp II. von Makedonien berief Aristoteles an den Hof nach Pella, um seinen Sohn Alexander zu unterrichten. Der Schüler eroberte später den gesamten Orient bis nach Indien. Den Beifall seines Lehrers erntete er damit nicht. Militärische Erfolge hatten im Tugendkanon des Aristoteles keinen Platz.

Alexander der Große schenkte seinem Lehrer Aristoteles Tiere aus fernen Ländern, darunter auch einen Elefanten.

Aristoteles legte als erster Philosoph eine geschlossene Lehre zur Ethik vor. Oberstes Ziel sei es, den Menschen zum Glück zu verhelfen. Dazu müsse auch der Staat mit Gesetzen beitragen.

Die goldene Mitte

Das Glück komme nicht von allein, man müsse etwas dafür tun – und dürfe dabei auf keinen Fall den „moralischen Kompass" verlieren. Hierbei den Menschen zu helfen, sei auch die Aufgabe des Staates, der durch entsprechende Gesetze aktiv werden müsse.

Eines der höchsten Güter ist für Aristoteles die Pflege von Freundschaften. Beim Streben nach Glück soll der Mensch, wenn er zu Entscheidungen gezwungen wird, immer die goldene Mitte wählen.

EPIKUR (341 – 271 V. CHR.)

Anleitung zum Glücklichsein

Kaum ein anderer Philosoph wurde so missverstanden wie Epikur. Der Gelehrte aus Samos, der in Athen eine Schule eröffnete, die er „Kepos" (Garten) nannte, wollte die Menschen gern glücklich machen.

Keine Furcht vor den Göttern und dem Tod

Doch wo Sokrates, Platon und Aristoteles von Tugenden sprachen, sprach Epikur von *hedoné*, von Lust und Freude. Dies interpretierten schockierte bürgerliche Kreise als Aufforderung zu einem Leben in Saus und Braus. Viele stießen sich auch daran, dass zur Gemeinschaft im Kepos Frauen und Sklaven gehörten. An seine Kritiker gerichtet schrieb Epikur: „Wenn wir sagen, dass die Freude unser Lebensziel ist, so meinen wir damit nicht die Freuden der Prasser, denen es ums Genießen an sich zu tun ist, sondern um die Freiheit des Körpers von Schmerzen und der Seele von Unruhe."

Epikurs Philosophie zielt darauf ab, die Menschen von ihren Sorgen zu befreien. Erreicht werden soll der Zustand der *ataraxia*, der Unerschütterlichkeit der Seele. Einem glücklichen Leben stehen zwei Hindernisse entgegen: die Furcht vor den Göttern und die Furcht vor dem Tod. Beides sei unnötig, sagt Epikur. Die Götter spielen keine Hauptrolle, Epikur schließt sich an Demokrit an: Es existieren nur Atome und das Nichts. Und solange wir da sind, ist der Tod nicht da. Ist er aber da, sind wir nicht mehr da.

Der römische Dichter Horaz (65 – 8 v. Chr.) war ein großer Anhänger Epikurs. Er fasste dessen Lehre in einer kurzen, prägnanten Formel zusammen: „Carpe diem" („Nutze den Tag"). Damit war die Aufforderung verbunden, das Heute zu genießen und nicht an das Morgen zu denken.

Die Suche nach persönlichem Glück

Als Botschafter des Glücks war Epikur ein Kind seiner Zeit. Er lebte im Zeitalter des Hellenismus, als die Suche nach persönlichem Glück bei vielen Menschen auf der Agenda ganz oben stand. So fand er viele Anhänger, die an seiner Lehre den Bezug zum Leben schätzten und denen die Tugendlehre des Aristoteles zu abgehoben war.

Glücklich sein, das Heute genießen – auch heute leben viele Menschen nach den Vorstellungen Epikurs.

Epikur gilt vielen als Prediger eines Lebens in Saus und Braus. Doch eigentlich kam es ihm darauf an, den Menschen die Furcht vor den Göttern und dem Tod zu nehmen und das Leben frei von Schmerzen und Unruhe zu genießen.

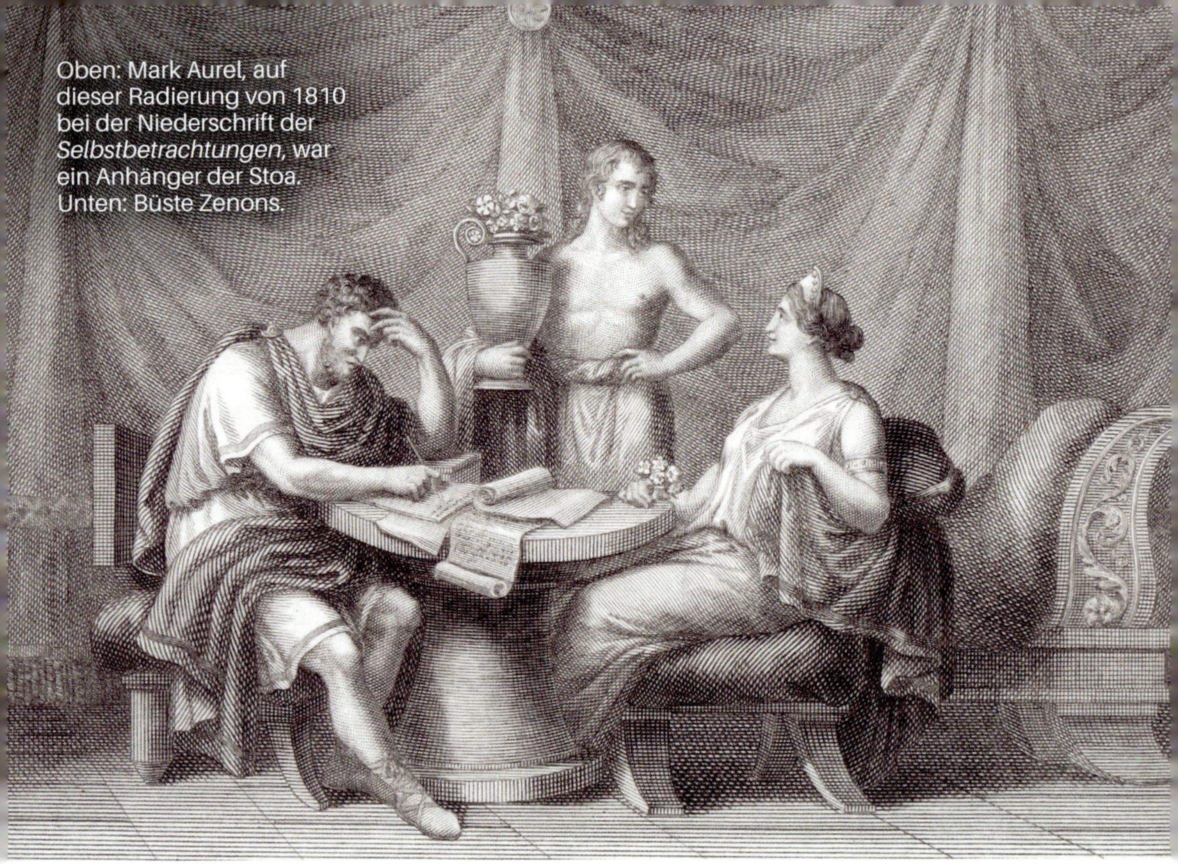

Oben: Mark Aurel, auf dieser Radierung von 1810 bei der Niederschrift der *Selbstbetrachtungen*, war ein Anhänger der Stoa. Unten: Büste Zenons.

ZENON VON KITION (UM 333 – UM 262 V. CHR.)

Die Stoiker – immer mit der Ruhe!

Noch heute hat der Begriff einen festen Platz im Vokabular: Die „stoische Ruhe" wird gern bemüht, wenn jemand durch nichts zu erschüttern ist. Abgeleitet ist der Begriff von der Stoa, einer der populärsten philosophischen Strömungen in der Zeit des Hellenismus. Gründer und bekanntester Vertreter der Stoa war Zenon aus Kition (Zypern). Er richtete um 300 v. Chr. in seiner Wahlheimat Athen in einer Säulenhalle, einer Stoa, eine Philosophen-Schule ein.

Unerschütterlichkeit der Seele

Von Zenons Werken ist zwar keines erhalten geblieben, aber seine Lehre lässt sich anhand anderer Überlieferungen rekonstruieren. In den Jahren nach der Herrschaft und den Feldzügen Alexanders des Großen lieferten er und seine Anhänger die richtigen Antworten. Einerseits zogen sich die Menschen damals ins Private zurück und Politik stand, anders als noch bei Platon und Aristoteles, nicht mehr so hoch im Kurs. Die Veränderungen, hervorgerufen durch den Niedergang des Stadtstaates, lösten ein Bedürfnis nach neuer Orientierung aus. Wo Epikur die *hedoné*, die Freude, und die *ataraxia*, die Unerschütterlichkeit der Seele, predigte, proklamierten die Stoiker die *apatheia* als Therapie zur Überwindung der Sorgen. Wer Sympathie empfindet, leidet mit. Wer Apathie empfindet, ist frei von Pathos, von Affekten und Leidenschaft. Die Seele muss zur Ruhe kommen. Deshalb sollte man sich weder freuen noch ärgern.

Kaiser Mark Aurel – Anhänger der Stoa

In Rom fand die Stoa besonders viele Anhänger. Einer der prominentesten war Kaiser Mark Aurel, der von 161 bis 180 n. Chr. regierte. Er verfasste auf Griechisch eine viel gelesene Schrift, die *Selbstbetrachtungen*, mit zahlreichen kurzen Sentenzen aus dem Repertoire der stoischen Philosophie.

Weltbürger

Andererseits machten die Eroberungen Alexanders die Welt auch größer und offener. Viele Griechen zog es in die Fremde. Die Stoiker entwickelten ausgehend von diesen Verhältnissen die Idee einer einzigen, die ganze Welt umfassenden Polis und prägten dafür den Begriff „Kosmopolitismus" – ein Weltbürgertum, eine Gemeinschaft aller Menschen der zivilisierten Welt.

Im Zentrum der stoischen Philosophie steht die Unerschütterlichkeit der Seele. Ihr politisches Ideal sehen die Stoiker im Kosmopolitismus, einer Art globalen Weltbürgertums.

Das Ende: Cicero flieht vor seinem Widersacher Marcus Antonius aus Rom, wird aber von Soldaten gestoppt und getötet.

CICERO (106 – 43 V. CHR.)

Philosophie in der Römischen Republik

Die Griechen brachten viele bedeutende Philosophen hervor. Anders die Römer. Ihr Beitrag zur Geschichte der Philosophie besteht im Wesentlichen darin, die Ideen der von ihnen als vorbildlich begriffenen Griechen zu übernehmen und sie ihrer Sprache und der römischen Gedankenwelt anzupassen. Originelles hat die römische Philosophie daher wenig zu bieten.

Die beste Staatsform

Zur Zeit der Römischen Republik war Marcus Tullius Cicero, gemessen an der Zahl seiner Schriften, der produktivste römische Philosoph. Er war auch in der Politik tätig und widmete sich daher intensiv der Staatsphilosophie. Sein bedeutendstes Werk ist die Schrift *De re publica (Vom Staat)*. Nach dem Muster Platons gestaltete er seine Ausführungen in Dialogform. Im Gegensatz zum Gründer der Akademie in Athen suchte er aber nicht nach dem Idealstaat. Ähnlich wie Aristoteles hielt er sich an die politische Realität, d.h. die Römische Republik. Diese hielt er für die beste Staatsform, weil sie die Vorzüge der drei Verfassungsformen Monarchie, Aristokratie und Demokratie in sich vereine. Dieses Modell orientiert sich an der griechischen Lehre von der Mischverfassung.

Über Gesetze und Pflichten

Für Cicero persönlich war die Philosophie ein Ausgleich dafür, dass er in den turbulenten Zeiten der späten Römischen Republik immer mal wieder ins politische Abseits geriet. Diesem Umstand sind anregende Werke wie *De legibus (Über die Gesetze)* oder *De officiis*, eine an die Stoa angelehnte Schrift über die Pflichten mit Anweisungen über die richtige moralische Lebensführung, zu verdanken.

Cicero hatte für die auch in Rom populären Lehren Epikurs nicht viel übrig – ganz anders als sein Zeitgenosse Lukrez (ca. 97 – 55 v. Chr.). Wo Cicero von den Menschen ein Bekenntnis zur *Res publica* – der „öffentlichen Sache" – erwartete, empfahl Lukrez als Therapie zur Sicherung der Seelenruhe: „Lebe im Verborgenen".

> Res publica est res populi
>
> (Der Staat ist Sache des Volkes)

Die Römer entwickelten keine eigenen philosophischen Denkrichtungen. Wie der bedeutendste Vertreter Cicero wollten sie die griechische Philosophie in Rom heimisch machen. Im Mittelpunkt stehen Staatsphilosophie und Ethik.

SENECA (UM 4. V. CHR. – 65 N. CHR.)

Philosophie in der römischen Kaiserzeit

Die Philosophie der römischen Kaiserzeit war weitgehend unpolitisch. Jetzt wurde nicht mehr, wie es Cicero in der Zeit der Republik getan hatte, über den Staat nachgedacht. Im Mittelpunkt stand die persönliche Lebensführung, der Blick auf sich selbst, das individuelle Glück.

Tugend und Gelassenheit

Auch hierfür hatte die griechische Philosophie mit den Lehren Epikurs oder der Stoa Handreichungen geliefert, die von römischen Gelehrten bereitwillig übernommen wurden. Einer der bekanntesten römischen Stoiker war Seneca. Zu den wichtigsten Schriften des aus Spanien stammenden Denkers gehört das Werk *De beata vita (Vom glücklichen Leben)*. Gleich zu Anfang heißt es darin: „Glücklich leben will jeder, aber was zu einem glücklichen Leben gehört, ist den meisten unklar und verborgen." Nach dem Vorbild der griechischen Stoiker leistete Seneca Aufklärungsarbeit: Tugend und Gelassenheit seien die zuverlässigsten Helfer auf dem Weg zu einem erfüllten Leben. Keine großen Ansprüche zu haben sei besser als ein Leben in Luxus und Prasserei.

Der reiche Anspruchslose

Als gut bezahlter Berater Kaiser Neros wurde Seneca sehr vermögend. Die Reichtümer sah er nicht als Widerspruch zu seinem Plädoyer für ein anspruchsloses Leben an. Reichtum sei, so rechtfertigte er sich, keine Schande, denn wer ein Vermögen besitzt, habe mehr Möglichkeiten, den Geist zu entwickeln. Und: Nur wer reich ist, kann anderen etwas abgeben.

Wegen seiner angeblichen Beteiligung an einer Verschwörung gegen Nero wurde Seneca zum Selbstmord genötigt (Gemälde von 1871).

Das Leben ist kurz

Diese Ideen breitete Seneca in vielen weiteren Schriften aus, deren Titel alle programmatischen Charakter haben: *De brevitate vitae (Von der Kürze des Lebens)*, *De tranquillitate animi (Von der Seelenruhe)* und *De otio (Von der Muße)*. In anderen Werken leistete er praktische Lebenshilfe, so in einer Trostschrift für seine Mutter Helvia. Stoische Weisheiten pur und in großer Zahl bietet die Sammlung der 124 Briefe an seinen Freund Lucilius. Diese Anweisungen, wie man mit der Stoa das Leben meistert, sind so anschaulich formuliert, dass sie bis heute als Pflichtlektüre für stressgeplagte Manager gelten.

Seneca ist der bekannteste Stoiker der römischen Kaiserzeit. In zahlreichen Schriften formuliert er praktische Lebenshilfe mit dem Ziel, die Menschen glücklich zu machen.

Auf Raffaels Fresko *Die Schule von Athen* (um 1510/11) sind die berühmtesten Philosophen der griechischen Antike dargestellt. Im Zentrum stehen Platon (links) und Aristoteles.

Antike

1 Was sagte Thales von Milet im Jahr 585 v. Chr. zum Erstaunen seiner Mitmenschen exakt voraus?

- ☐ einen Vulkanausbruch
- ☐ ein Erdbeben
- ☐ eine Mondfinsternis
- ☐ eine Sonnenfinsternis

2 Gemäß Demokrit besteht der Mensch aus dem Nichts sowie aus …

- ☐ Wasser
- ☐ Verstand
- ☐ Atomen
- ☐ Staub

3 Wie viele Werke hat Sokrates der Nachwelt hinterlassen?

- ☐ 47
- ☐ 17
- ☐ zwei
- ☐ keines

4 Wessen Schüler war Platon?

- ☐ Aristoteles
- ☐ Sokrates
- ☐ Thales von Milet
- ☐ Thukydides

5 Aristoteles zufolge lässt es sich am besten denken im …

- ☐ Gehen
- ☐ Stehen
- ☐ Sitzen
- ☐ Liegen

6 Nach was sollte der Mensch laut Epikur vor allem streben?

- ☐ Reichtum
- ☐ Erfolg
- ☐ Freude
- ☐ Macht

7 Welcher Kaiser verfasste von der Stoa inspirierte *Selbstbetrachtungen*?

- ☐ Hadrian
- ☐ Mark Aurel
- ☐ Caracalla
- ☐ Maximinus Thrax

8 Cicero meinte, der Staat sei Sache …

- ☐ des Volkes
- ☐ des Herrschers
- ☐ der Philosophen
- ☐ der Aristokraten

Augustinus, Bischof von Hippo und Philosoph, in einem Gemälde des Meisters von Uttenheim (ca. 1480/90).

Mittelalter

AUGUSTINUS (354 – 430)

Gottes Staat und irdisches Reich

Die Bedeutung eines Philosophen lässt sich auch daran messen, wie oft er zitiert wird. In dieser Hinsicht nimmt Augustinus sicher einen Spitzenplatz ein. In einer Zeit, in der sich das Christentum den Status einer Weltreligion sicherte, stellte der Gelehrte aus Nordafrika eine Verbindung von Philosophie und Theologie her.

Irdisches Reich – himmlisches Reich

Augustinus war nicht nur Denker, sondern auch Lenker: Seit 396 bekleidete er das Amt des Bischofs in Hippo Regius, einer Stadt im heutigen Algerien. Dennoch war er als Schriftsteller äußerst produktiv und verfasste insgesamt über 100 Werke. Den größten Einfluss entfalteten drei davon: In den *Confessiones (Bekenntnisse)*, einer stark autobiografisch geprägten Schrift, beschreibt Augustinus seinen Weg als Christ. *De Trinitate (Über die Dreifaltigkeit)* behandelt die Dreieinigkeit von Vater, Sohn und Heiligem Geist und markiert philosophiegeschichtlich den Übergang von der Antike zum Mittelalter. Die bekannteste Publikation aus der Schreibstube des Kirchenvaters ist aber *De civitate dei (Vom Gottesstaat)*. Hier stellt Augustinus dem Reich Gottes das irdische, weltliche Dasein gegenüber. Jedem Menschen sei von Geburt an vorbestimmt, ob er ein guter oder ein schlechter Mensch ist. Nach dem Tod gebe es zwei Welten, den Himmel und die Hölle.

Augustinus ist der Patron der Bierbrauer. Die nach ihm benannten Augustiner-Mönche erwarben sich im Mittelalter den Ruf als herausragende Produzenten des beliebten Gerstensafts.

» Liebe ist die Schönheit der Seele.

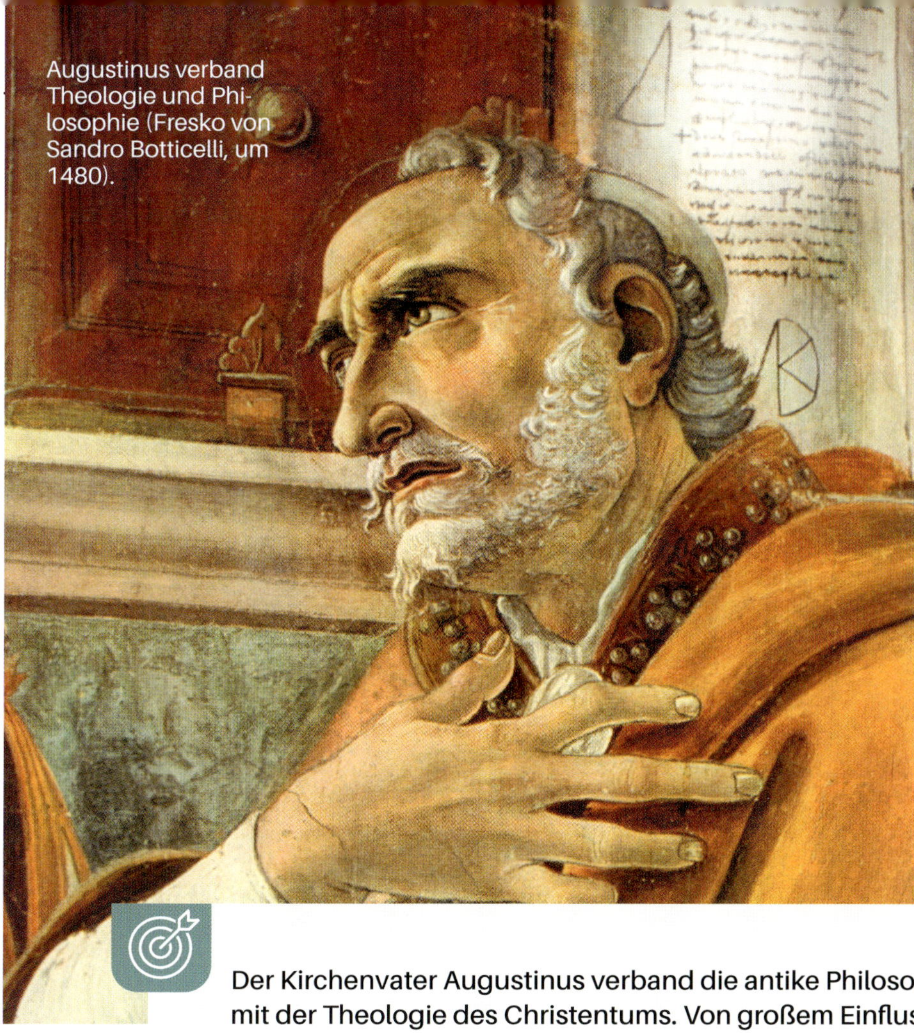

Augustinus verband Theologie und Philosophie (Fresko von Sandro Botticelli, um 1480).

Der Kirchenvater Augustinus verband die antike Philosophie mit der Theologie des Christentums. Von großem Einfluss war seine Schrift über den Gottesstaat mit der Unterscheidung der himmlischen und der irdischen Welt.

Gerechter Krieg

Die Antike kannte die Vorstellung vom „gerechten Krieg", der unter bestimmten Bedingungen gerechtfertigt war, z.B., wenn man angegriffen wurde. Augustinus deutete ihn theologisch und philosophisch um. Christen dürften, ja müssten zu den Waffen greifen, um sich zu verteidigen und wenn sie von Gott oder von einer kirchlichen Autorität dazu aufgefordert würden. Später wurde diese Lehre des Augustinus als Legitimation für die Kreuzzüge herangezogen.

In dieser Illustration aus einer Ausgabe der *Consolatio philosophiae* aus dem 15. Jh. trifft Boethius auf die sieben freien Künste.

BOETHIUS (UM 480 – UM 524)

Philosophie als Medizin

Augustinus ging den Weg von der alten Philosophie der Antike zur neuen Weltsicht der Theologie. Boethius knüpfte dagegen an die alten philosophischen Ideale aus der Zeit von Sokrates, Platon und Aristoteles an. Insbesondere hatte es ihm der Neoplatonismus angetan, eine philosophische Strömung der Spätantike, die von dem Gelehrten Plotin (205 – 270) in zeitgemäßem Gewand weiterentwickelt worden war.

Philosophischer Bestseller

Sein Leben verlief turbulent und beeinflusste stark sein philosophisches Denken. Am Hofe des Ostgotenkönigs Theoderich in Ravenna bekleidete er hohe Ämter. Doch dann wurde er wegen Hochverrats angeklagt und schließlich hingerichtet. Noch im Kerker schrieb er sein mehrbändiges philosophisches Hauptwerk *De consolatione philosophiae (Vom Trost der Philosophie)*. Es wurde ein „Bestseller“: Mit Ausnahme der Bibel und den *Confessiones* des Kirchenvaters Augustinus erreichte kein anderes Werk bis in die Neuzeit hinein eine vergleichbare Verbreitung.

Trost in der Zelle

Boethius lässt hier die Philosophie in der Gestalt einer Frau auftreten. Sie besucht den Gefangenen und zum Tode Verurteilten in seiner Zelle und versucht ihn in seiner Verzweiflung zu trösten. Zentral ist die von der Stoa übernommene Botschaft, wonach das Ziel des weisen Menschen darin bestehen müsse, sich von allen Sorgen und Befürchtungen, aber auch von allen Hoffnungen frei zu machen. Das Streben nach irdischen Gütern führe nicht zur Vollkommenheit und zur Glückseligkeit. Das wahre Glück könne, so Boethius, nur in Gott gefunden werden. Es sei sogar mit ihm vollkommen identisch. Die Entscheidung, ob man den Weg des Guten oder des Bösen einschlage, liege bei jedem einzelnen Menschen selbst. Die Philosophie helfe dem Menschen, den richtigen Weg zu finden.

Der Philosoph schweigt

„Wenn du geschwiegen hättest, wärst du ein Philosoph geblieben“ – dieser viel zitierte Satz findet sich im lateinischen Original in der *Consolatio philosophiae*. Moral: Wer nichts zu sagen hat, soll lieber schweigen, dann besteht die Chance, dass er für klug gehalten wird.

Boethius kehrte zur alten Philosophie der Griechen zurück. Sein Hauptwerk diente dazu, in Not geratene Menschen zu trösten und ihnen Mut zuzusprechen.

AVICENNA (UM 980 – 1037)

Brückenbauer zwischen Ost und West

Eigentlich hieß er Abu Ali al-Husain ibn Abdullah ibn Sina. Weil der Name so lang war, nannte man ihn bei den Arabern aber kurz Ibn Sina. Im Westen bedienten sich die Gelehrten der lateinischen Sprache, und so war er dort unter dem Namen Avicenna bekannt.

Vielseitiger Wissenschaftler

Avicenna war einer der bedeutendsten Gelehrten seiner Zeit. Geboren in Afschana im heutigen Usbekistan, entwickelte er auf der Grundlage der arabischen Kultur eine intensive Forschungstätigkeit auf vielen Gebieten: Er war Arzt, Astronom, Politiker, Schriftsteller und Philosoph. In einer Zeit regen kulturellen Austausches sorgte Avicenna für den Transfer philosophischen und medizinischen Wissens zwischen Ost und West.

Späte Würdigung

Über einem Altar im nördlichen Querschiff des Mailänder Doms ist auf einem bunten Glasfenster ein Porträt Avicennas zu sehen. Es wurde 1489 von der örtlichen Apothekerzunft gestiftet und würdigt die Leistungen des muslimischen Gelehrten für die Medizin.

Vorbild Aristoteles

Die Grundlage der Philosophie Avicennas bildeten die Werke des Aristoteles, der durch die arabischen Gelehrten eine Wiedergeburt erlebte. Nach dem Vorbild des berühmten griechischen Philosophen beschäftigte sich Avicenna mit den vier großen Bereichen der Philosophie: Logik, Mathematik, Physik und Metaphysik, die nach Erkenntnis jenseits der real erfahrbaren Welt strebt. Die Araber und allen voran Avicenna waren die Sachwalter des philosophischen Erbes der Antike. Über sie lernte man in Europa viele bis dahin unbekannte Schriften des Aristoteles kennen.

Illustration in einer Handschrift von Avicennas *Kanon der Medizin* aus dem 14. Jh. mit einer Apothekenszene.

Avicenna war einer der wichtigsten arabischen Gelehrten. Als Philosoph war Aristoteles sein großes Vorbild. Seine Schriften avancierten im Osten und im Westen zu Standardwerken.

Avicennas wichtigstes Werk ist das *Buch der Genesung (asch-Schifa)*. Darin geht es um die Heilung der Seele von Irrtümern. Es liefert eine beeindruckende Bandbreite seines Wissens und enthält auch Ausführungen zu Musik und Mystik. Sein *Kanon der Medizin (al-Qanun fi at-Tibb)* war im Mittelalter auch in Europa ein Standardwerk. Avicenna starb 1037 an einer schweren Krankheit. Die Erinnerung an ihn aber dauert in Ost und West bis heute an.

Auf dem Fresko von Giovanni Francesco Romanelli ist das Treffen der Marktgräfin Mathilde mit Anselm von Canterbury in Anwesenheit von Papst Urban II zu sehen.

ANSELM VON CANTERBURY (1033 – 1109)

Der ultimative Beweis, dass es Gott gibt

Anselm war ein aktiver Mann Gottes. Höhepunkt seiner beeindruckenden theologischen Laufbahn war die Berufung zum Erzbischof von Canterbury – ein Amt, das bis heute für das geistliche Oberhaupt der Kirche von England reserviert ist. Er ist auch als bedeutender Frühscholastiker bekannt geworden. Die Frühscholastiker versuchten, religiöse Fragen mithilfe wissenschaftlicher Vorgehensweisen zu erörtern.

Glaube versus Vernunft

Im 11. Jh. war es vor allem die Frage nach dem Verhältnis zwischen Glauben und Vernunft, die die Gemüter bewegte. Fast täglich konnte der wissbegierige Anselm lesen und hören, dass die herkömmlichen Grundlagen des Glaubens ins Wanken geraten waren. Die Dialektik, die Methode, unterschiedliche Positionen durch Synthese zu einer höheren Einheit zu formen, hatte Einzug in die Theologie gehalten und die reine Glaubenslehre in Bedrängnis gebracht. Die Gegner dieser Methodik argumentierten, man könne dem Glauben nicht mit Vernunft begegnen.

Das Größte schlechthin

Anselm brachte sich mit dem kühnen Versuch in die Debatte ein, den größten aller Glaubensinhalte, die Existenz Gottes, wissenschaftlich zu beweisen. Dieses Experiment unternahm er in einer *Proslogion (Anrede)* betitelten Schrift. Darin entwarf er die erste und bekannteste Version des „ontologischen" Gottesbeweises. Er griff dabei auf die bereits in der altgriechischen Philosophie thematisierte Ontologie, die „Lehre vom Sein", zurück. Seine Beweisführung war nach den Denkgewohnheiten der damaligen Zeit logisch. Gottes Dasein, so argumentiert Anselm, erschließe sich aus der Existenz des Begriffes „Gott". Auch die Ungläubigen erkennen an, dass der Begriff Gott „das Größte schlechthin" bezeichnet. Also könne dieser Gott nicht nur in der Vorstellung der Menschen vorhanden sein, denn sonst müsse es in der Wirklichkeit ein anderes, noch Größeres geben. Damit war für Anselm der Beweis erbracht: Gott wird nicht nur gedacht, er existiert auch wirklich, als das jeweils Größte im Denken und in der Realität.

> „Ich glaube, damit ich verstehe.

In die mittelalterlichen Debatten um Glauben und Wissen griff Anselm mit dem Versuch ein, einen wissenschaftlichen Beweis für die Existenz Gottes zu liefern. Den Beweis für die Existenz Gottes sah er darin gegeben, dass es den Begriff „Gott" gibt.

ABAELARD (1079 – 1142)

Das Konzept der Scholastik

Pierre Abaillard ist besser bekannt als Petrus Abaelardus, nach der mittelalterlichen Praxis, den Namen von Gelehrten eine lateinische Form zu geben. In Le Pallet bei Nantes geboren, wurde er zu einem der Pioniere der Scholastik.

Lob und Kritik

Die Scholastik ist eine Denkschule, die versuchte, die Philosophie mit der christlichen Theologie zu verbinden und Wissen und Glauben in Einklang zu bringen. Der Name ist von dem lateinischen Wort *schola* („Schule") abgeleitet. Abaelard gelang dieser Spagat so gut, dass ihn ein Mitforscher als den „Sokrates der Gallier" würdigte. Wie Sokrates und viele andere innovative Denker erntete er mit seinen Lehren aber auch massive Kritik. Denn Abaelard vertrat die oftmals irritierende Auffassung, auch bei theologischen Fragen müsse man nicht nur den Glauben, sondern auch die Vernunft walten lassen. Die Logik, die er dabei anwandte, habe ihn, wie er in seiner Lebensgeschichte, der *Historia Calamitatum (Geschichte der Leiden)*, schreibt, „der Welt verhasst gemacht". Der einflussreiche Mystiker Bernhard von Clairvaux machte aus seiner Abneigung gegenüber Abaelard keinen Hehl und rügte: „Dieser Abaelard glaubt, er könne die gesamte Gottheit mit der menschlichen Vernunft erfassen." Abaelard konterte mit der Aussage: „Christ sein heißt Logiker sein."

Abelard und Heloisa

Berühmt ist die Liebesgeschichte von Abaelard und Heloisa, der Nichte eines Pariser Geistlichen, die zu den gebildetsten Frauen ihrer Zeit gehörte. Die Beziehung endete tragisch: Heloisa wurde schwanger, ihr Onkel ließ Abaelard kastrieren. Er zog sich in ein Kloster zurück. Heloisa übernahm die Leitung eines Frauenkonvents.

Eine berühmte tragische Liebesgeschichte: Abaelard und seine Schülerin Heloisa (Gemälde von Edmund Leighton, 1882).

Abaelard beleuchtete den christlichen Glauben mit den Kriterien der Vernunft und der Logik. Mit seiner von vielen angefeindeten Methodik war er einer der Pioniere der mittelalterlichen Scholastik.

Die Hauptwerke

Abaelards Anhänger ließen sich gern von der Modernität des aufklärerischen Denkens überzeugen. Seine Lehren legte er u. a. in zwei Hauptwerken dar: *Sic et Non (Ja und Nein)* entlarvt widersprüchliche Aussagen christlicher Autoritäten. *Scito te ipsum (Erkenne dich selbst)* entwirft eine neue Ethik: Nicht das Ergebnis von Handlungen ist wichtig, sondern die dahinterstehende Absicht.

BERNHARD VON CLAIRVAUX (UM 1090 – 1153)

Glauben ist keine Wissenschaft

Von Haus aus war Bernhard von Clairvaux kein Philosoph, sondern Theologe. Doch musste zu dieser Zeit jeder Philosoph auch Theologe und jeder Theologe auch Philosoph sein. Denn die Debatten bewegten sich in beiden Disziplinen im Spannungsfeld von Glauben und Wissen.

Der honigfließende Lehrer

Daher kannte sich Bernhard von Clairvaux in der Philosophie ebenfalls gut aus. Doch die modernen Lehren der Scholastiker, die den Glauben als eine Vernunftsache ansahen, lehnte er vehement ab. So war er ein erklärter Gegner Abaelards und seiner aufklärerischen Lehren – er ging sogar zu einem frontalen Gegenangriff über, um die bedrohte Position der Kirche wieder zurechtzurücken. Für Abaelards Lehren hatte er nur Hohn und Spott übrig, nannte dessen Auffassungen *stultilogia*, die „Lehre von der Dummheit".

Der strenge Bernhard von Clairvaux ist bis heute der Patron der Imker – eine Ehre, die ihm wegen seines Rufes als „honigfließender Lehrer" zuteil wurde.

Bernhard von Clairvaux wirkte in Wort und Schrift. Seine Predigten waren seine schärfste Waffe. Bewundernd nannten ihn seine Anhänger *Doctor mellifluus* – „honigfließender Lehrer". Papst Pius XII. nahm 1953 den 800. Todestag des strengen Kirchenmannes zum Anlass, in einer Enzyklika Bernhards Wortgewalt zu rühmen. Der Stil, so der Pontifex Maximus, sei so gefällig, dass er anziehe, erbaue und den Geist des Lesers auf die himmlischen Dinge richte. Und wie ein Adler sich danach sehne, seinen Blick auf die Sonne zu heften, so erhebe sich der Heilige Bernhard in schnellem Fluge zum Gipfel der Wahrheit.

Bernhard von Clairvaux war ein strenger Kirchenmann, der die neuen Denkweisen der Scholastiker strikt ablehnte.

Bernhard von Clairvaux war ein engagierter Verteidiger des christlichen Glaubens. Er bekämpfte die Scholastiker und plädierte für den Glauben in der Form der urchristlichen Lehre.

Klostergründer

Um dem Glauben wieder zu seinem Recht zu verhelfen, startete der umtriebige Kirchenmann viele praktische Initiativen. So setzte er sich nachhaltig für die Gründung von Klöstern als Horte der reinen christlichen Lehre ein. Daher war der im französischen Clairvaux als Abt tätige Bernhard für die rasante europaweite Ausbreitung des Ordens der Zisterzienser verantwortlich: Nicht weniger als 343 Klostergründungen werden mit ihm in Verbindung gebracht.

Ein alter Stich zeigt Bernhard von Clairvaux inmitten der Ritter des Zweiten Kreuzzugs.

BERNHARD VON CLAIRVAUX (UM 1090 – 1153)

Pionier der Mystik

Wo die Scholastiker bei der Analyse der Welt und des Seins auf den Intellekt, den scharfen Verstand, setzten, schworen die Mystiker auf Entrückung und göttliche Erleuchtung. „Glühen ist mehr als Wissen", sagte Bernhard von Clairvaux. Mit derartigen Aussagen wurde er im 12. Jh. zu einem der führenden europäischen Mystiker.

Einheit der Seele mit Gott

Im Zentrum seiner Mystik steht Jesus Christus als der Gekreuzigte. Der Mystiker sucht nach der Einheit seiner Seele mit Gott. Das unmittelbare Erleben des Göttlichen, das ganz und gar im Gegensatz zu der analytischen Vorgehensweise der Scholastiker steht, formiert sich aus Visionen und ekstatischer Einheit. Gott wird bei den Mystikern mit der Seele erfahren, nicht mit dem Verstand. Meditation und Gebet sind wichtige Instrumente, um den Weg zu Gott zu finden.

Seine Gedanken hat Bernhard von Clairvaux in zahlreichen Schriften dargelegt. Sie fanden viele Leser, wie auch die Zahl von 1500 erhaltenen mittelalterlichen Handschriften bezeugt. Übersetzungen in zahlreiche Sprachen sorgten für internationale Bekanntheit. Überzeugt davon, mit allem, was er dachte und tat, richtig zu liegen, scheute er sich auch nicht davor, der zeitgenössischen Prominenz die Leviten zu lesen.

> „Stehe an der Spitze, um zu dienen, nicht um zu herrschen.

Denkzettel für den Papst

Eines seiner „Opfer" war kein Geringerer als Papst Eugen III., dem er nach dessen Wahl die Schrift *De consideratione (Über die Erwägung)* widmete und ihn darüber aufklärte, was ein Papst alles bedenken müsse. Vor allem solle er sich nicht von irdischen Reichtümern blenden lassen, und er solle sich von den Schmeichlern fernhalten. Kritisch sah Bernhard auch das weltliche Engagement der Oberhirten.

Missglückter Kreuzzug

1146 rief die katholische Kirche zum Zweiten Kreuzzug auf. Bernhard von Clairvaux unterstützte das Unternehmen mit einer feurigen Ansprache im Dom von Speyer. Der Kreuzzug endete in einem Fiasko. Bernhard übernahm die Verantwortung für das Scheitern.

Bernhard von Clairvaux war der wichtigste Vertreter der mittelalterlichen Mystik. Sie sucht Gott mit der Seele und nicht mit dem Verstand.

HILDEGARD VON BINGEN (1098 – 1179)

Philosophischer Kräutergarten

Es dauert lange, bis in der Geschichte der Philosophie erstmals eine Frau auftaucht. Es gab in der Antike zwar philosophisch interessierte, nicht aber philosophisch aktive Frauen, die eigene Lehren entwickelten. Im Mittelalter war durch den Einfluss der christlichen Kirche die Chance für Frauen, in Wissenschaft oder Kunst eine prominente Rolle zu spielen, ebenfalls sehr eingeschränkt.

Adlige Herkunft

Eine Ausnahme bildet die faszinierende Hildegard von Bingen. Dank ihrer charismatischen Persönlichkeit, aber auch durch die Vielfalt ihres Wirkens nimmt sie in der mittelalterlichen Gelehrtenwelt einen Spitzenplatz ein. Hildegard von Bingen stammte aus einem adligen Haus, erwarb dort – was für Frauen und höhere Töchter in der damaligen Zeit nicht ungewöhnlich war – eine umfassende Bildung und wirkte anschließend als Äbtissin eines Frauenklosters auf dem Rupertsberg bei Bingen.

Dinkelkekse, Kichererbsen, Bertram, Basilikum – die Gesundheits- und Ernährungstipps der Hildegard von Bingen liegen auch heute noch, 850 Jahre nach ihrem Tod, im Trend.

Die Macht der Visionen

Philosophisch war sie eine bedeutende Vertreterin der in dieser Zeit in christlichen Kreisen populären Mystik. Ihre Lehren legte sie in ihrem ersten Werk *Scivas (Wisse die Wege)* dar. Darin schrieb sie die Visionen nieder, die sie bereits als junge Frau hatte. Selbstbewusst formulierte sie ihren Anspruch, „neue Geheimnisse und viel Mystisches" zu verkünden. Ihre prophetischen Talente trugen wesentlich zu ihrer Popularität bei.

Hildegard von Bingens Pflanzen- und Kräuterkunde hat bis heute für viele Menschen große Bedeutung.

”

Posaune Gottes

(Hildegard über sich selbst)

Damit war ihre literarische Produktivität aber noch lange nicht erschöpft. Aus der Feder der umtriebigen Gottesfrau stammen weitere, viel rezipierte Werke: visionäre Interpretationen des Wirkens Gottes, Lieder, Gedichte sowie ein Mysterienspiel.

Hildegards Netzwerke

Ihren Erfolg verdankte Hildegard auch ihrem kommunikativen Charakter. Sie verbarg sich nicht hinter den Klostermauern, sondern stand mit prominenten Zeitgenossen wie Kaiser Friedrich Barbarossa und dem Mystik-Pionier Bernhard von Clairvaux in Kontakt.

Die Äbtissin Hildegard von Bingen war eine berühmte Mystikerin. Popularität erlangte sie durch ihre Visionen und ihre medizinischen Kenntnisse.

THOMAS VON AQUIN (1224 ODER 1225 – 1274)

Versöhnung von Glauben und Wissen

Thomas von Aquin darf in keiner Geschichte der Philosophie fehlen. Der Dominikaner aus Aquino in Italien war ein Schüler des *doctor universalis*, des umfassend gebildeten Albertus Magnus (um 1200–1280).

Albertus Magnus

Der gelehrte Mann aus Lauingen an der Donau konnte das Privileg in Anspruch nehmen, sich als erster Deutscher in der bis dahin von Franzosen und Italienern dominierten mittelalterliche Gelehrtenwelt durchgesetzt zu haben. So kannte ihn die akademische Welt der damaligen Zeit auch als „Albert den Deutschen". Albertus Magnus war Anhänger des Aristoteles, insbesondere von dessen Lehren zur Logik und zur Naturphilosophie. Insofern war auch der philosophische Weg seines Schülers Thomas vorgeprägt.

Synthese statt Konfrontation

Thomas von Aquin war ein ungemein produktiver Philosoph, der der Nachwelt viele bedeutende Schriften hinterlassen hat. Dabei ging es ihm nicht um eine neuerliche Konfrontation zwischen Scholastik und Kirche. Ganz im Gegenteil strebte der in Paris lehrende Dominikaner nach Synthese, nach einer Philosophie der Mitte, in deren Zentrum für ihn immer Gott stand. Wissenschaft diente dazu, die Allmacht Gottes zu beweisen.

Der stumme Ochse

Thomas von Aquin fiel, als er noch studierte, durch seine Schweigsamkeit auf. Deshalb nannten ihn seine Kommilitonen einen „stummen Ochsen". Sein Lehrer Albertus Magnus aber prophezeite: „Wir heißen ihn einen stummen Ochsen, aber er wird mit seiner Lehre noch ein solches Brüllen von sich geben, dass es in der ganzen Welt ertönt."

Ein Altarbild von Carlo Crivelli aus dem 15. Jh. zeigt Thomas von Aquin als Vermittler zwischen Scholastik und Kirche.

Thomas von Aquin war ein bedeutender Scholastiker. Sein Ziel war es, Philosophie und Theologie zu einer Synthese zu verbinden.

Neue Erkenntnistheorie

Wesentliche Impulse lieferte Thomas auch zur Erkenntnistheorie, die die Philosophie seit den Anfängen in der Antike beschäftigte. Das Sein der Welt, wie sie Gott geschaffen habe, sei der Erkenntnis vorgeordnet. Die Welt der Dinge sei sinnlich erfahrbar, doch gelange die Erkenntnis nur bis zu den äußerlichen Qualitäten der Dinge. Mit diesen Ansichten stellte sich Thomas gegen die Ideenlehre Platons und folgte den Vorstellungen vom Sein, wie sie Aristoteles entwickelt hatte.

NIKOLAUS VON KUES (1401 – 1464)

Erlesene Philosophie von der Mosel

Nikolaus von Kues lebte und wirkte am Übergang vom Mittelalter zur frühen Neuzeit. Insofern weist seine Philosophie noch traditionelle, aber auch bereits zukunftsweisende Züge auf. Traditionell war der Hang zur Mystik, neu die Hinwendung zu Mathematik und Naturwissenschaften.

Unendliches Universum

Nikolaus von Kues lieferte die theoretischen Hintergründe für die Umwälzungen des Weltbildes, die mit Namen wie Kopernikus, Kepler und Galilei verbunden sind. Mit Fug und Recht kann man ihm daher den Status eines Vordenkers – sowohl in zeitlicher als auch in inhaltlicher Hinsicht – zuschreiben. Der Tradition war er wiederum dadurch verpflichtet, dass der Sohn eines Winzers von der Mosel als Gelehrter einen latinisierten Namen trug. So war er in der damaligen akademischen Welt als Nicolaus Cusanus bekannt. Seine wichtigste Schrift trägt den eigenartig klingenden Titel *De Docta Ignorantia (Über die belehrte Unwissenheit)*. Nach der Lektüre weiß die Leserschaft: Cusanus zufolge ist das Universum unendlich, man kann es mit wissenschaftlichen Mitteln nicht erfassen, sondern nur durch die Instrumente der Mystik. Cusanus eliminiert – und das war revolutionär – die Vorstellung von der Erde als dem kosmischen Zentrum. In der Unendlichkeit könne es keinen Mittelpunkt geben.

Nikolaus von Kues ist der Namenspatron der Bischöflichen Studienförderung Cusanuswerk, der Begabtenförderung der katholischen Kirche in Deutschland.

Anhänger des Sokrates

Natürlich kannte sich der gelehrte Mann auch in der Philosophie der alten Griechen aus, und selbstverständlich kannte er Sokrates und das geflügelte Wort „Ich weiß, dass ich nichts weiß“. Wahre Weisheit liege in der Erkenntnis der Begrenztheit des Wissens, bedeute aber zugleich, alles zu tun, um diese Grenzen aufzuheben.

Bei allem fortschrittlichen Denken war Cusanus auch und sogar vor allem Theologe – wie es seiner Natur entsprach aber ein fortschrittlicher Theologe. Gott sei das unendliche Eine. Die Welt offenbare sich in *complicatio* und *explicatio*, der „Einfaltung“ und „Entfaltung“ Gottes.

Bernkastel-Kues ist stolz auf den berühmten Sohn der Stadt und ehrt ihn u. a. mit einer Sonnenuhr.

Nikolaus von Kues war als Mystiker Traditionalist, als Naturwissenschaftler Modernist: Seine Ideen zu Kosmos und Universum waren Wegbereiter eines neuen Weltbildes.

Hildegard von Bingen (Porträt im Kloster St. Hildegard) war eine der wenigen philosophisch aktiven Frauen im Mittelalter.

Mittelalter

1 Worin soll Boethius zufolge der Mensch sein Glück finden können?

- ☐ in seinem Beruf
- ☐ in der Philosophie
- ☐ in der Liebe
- ☐ in Gott

2 Welcher Philosoph war Avicennas großes Vorbild?

- ☐ Aristoteles
- ☐ Augustinus
- ☐ Abaelard
- ☐ Anselm von Canterbury

3 Was wollte Anselm von Canterbury wissenschaftlich beweisen?

- ☐ das Gute im Menschen
- ☐ die Unabänderlichkeit des Schicksals
- ☐ die Existenz Gottes
- ☐ die Existenz der Hölle

4 Welcher Philosoph ist für seine tragische Liebesgeschichte bekannt?

- ☐ Thomas von Aquin
- ☐ Avicenna
- ☐ Bernhard von Clairvaux
- ☐ Abaelard

5 Der Patron welcher Berufsgruppe ist Bernhard von Clairvaux?

- ☐ Bäcker
- ☐ Imker
- ☐ Fischer
- ☐ Pfarrer

6 Bernhard von Clairvaux wird folgende Aussage zugeschrieben: „Glühen ist mehr als …"

- ☐ Glauben
- ☐ Hoffen
- ☐ Wissen
- ☐ Lieben

7 In welchem Jahr wurde Hildegard von Bingen, die erste noch heute populäre Philosophin, geboren?

- ☐ 988
- ☐ 1098
- ☐ 1179
- ☐ 1217

8 Welchem Orden gehörte Thomas von Aquin an?

- ☐ Dominikaner
- ☐ Benediktiner
- ☐ Franziskaner
- ☐ Zisterzienser

Renaissance & Humanismus

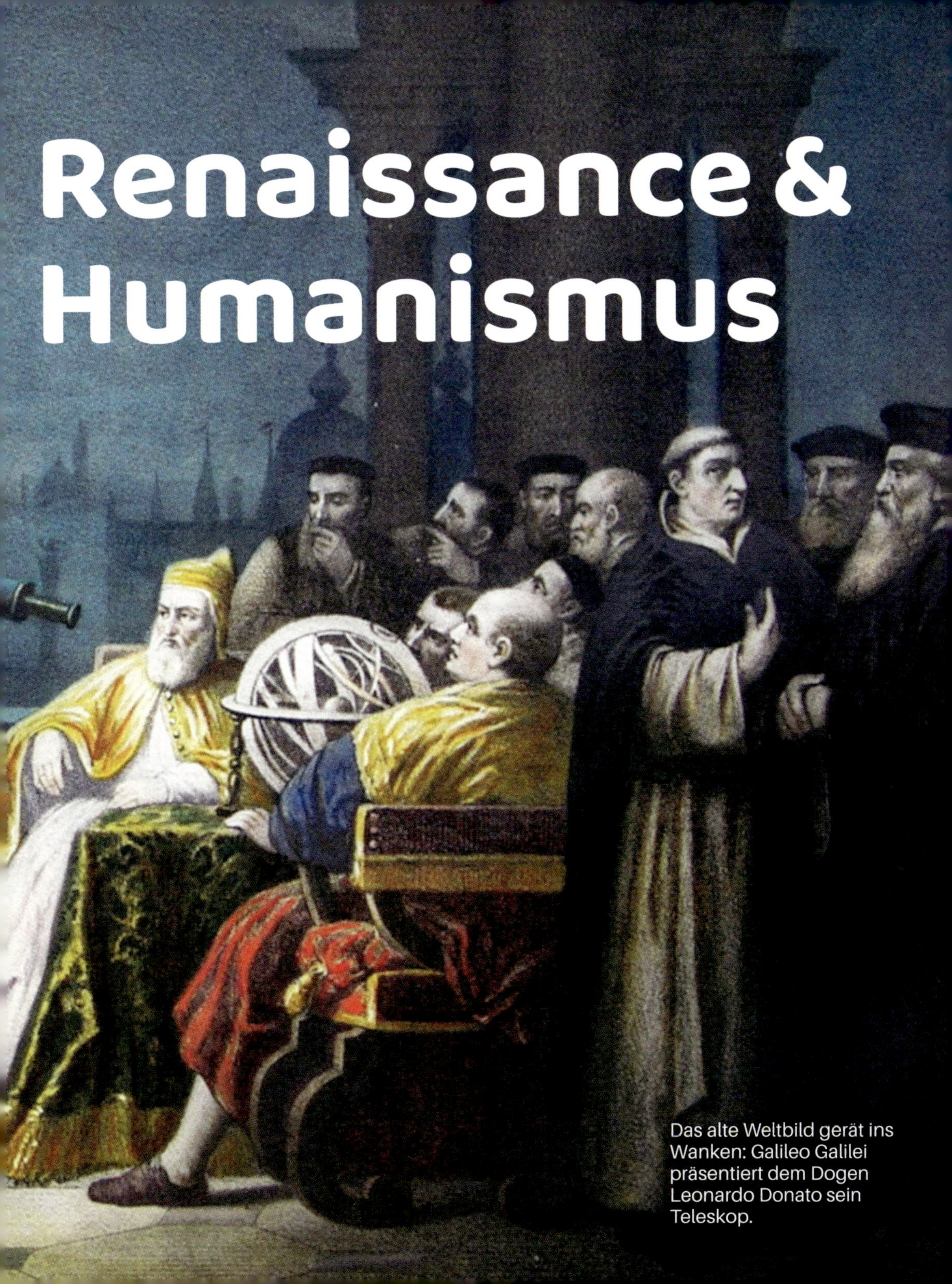

Das alte Weltbild gerät ins Wanken: Galileo Galilei präsentiert dem Dogen Leonardo Donato sein Teleskop.

ERASMUS VON ROTTERDAM (1466 ODER 1469 – 1536)

Vernunft statt Krieg

Erasmus von Rotterdam gehört zu den bedeutenden europäischen Humanisten. An der Schwelle vom Mittelalter zur Neuzeit sah er in der Antike das große Vorbild, um Gegenwart und Zukunft zu meistern. Sein Ideal war eine Synthese der antiken Kultur mit den Werten des Christentums.

Umwälzungen der Zeit

Erasmus verlor sich aber nicht in einer bloßen Antiken-Begeisterung. Natürlich wusste er, dass zu dieser Zeit nicht nur paradiesische Zustände geherrscht hatten. Im Gegenteil, es gab immer wieder Kriege. Sie gehörten fast schon zum Alltag. Und er wusste auch, dass die Geschichte des Christentums keine Geschichte des Friedens und der Glückseligkeit gewesen ist. Er war Zeitgenosse der Umwälzungen, die zu der von Martin Luther initiierten Reformation und der Gegenreformation vonseiten der katholischen Kirche führten.

Nieder mit den Kriegen!

Doch dachte er bei der Vorbildhaftigkeit der Antike an die Philosophie, die Wissenschaft, die Kultur schlechthin. In den vielen Schriften, die er verfasst hat, wurde er nicht müde, Toleranz, Vernunft und Frieden zu predigen – am leidenschaftlichsten in dem Werk *Querela Pacis (Die Klage des Friedens)*, die im Reformationsjahr 1517 erschien. Vehement prangert Erasmus den Krieg an, den er auch nicht durch die antike und frühchristliche Doktrin vom *bellum iustum*, dem „gerechten Krieg“, legitimiert sieht. An die führenden Persönlichkeiten in Staat und Kirche richtet er den Appell, die Waffen zum Schweigen zu bringen. Eine Kostprobe seiner rhetorischen Fähigkeiten liefern die Sätze: „Vom größten Teil des Volkes wird der Krieg verflucht, man betet um Frieden. Einige wenige nur, deren gottloses Glück vom allgemeinen Unglück abhängt, wünschen den Krieg.“

Porträt (1523) des Erasmus von Rotterdam von Hans Holbein dem Jüngeren, der mit Erasmus befreundet war.

Als Humanist nahm sich Erasmus von Rotterdam die Antike zum Vorbild. Er plädierte für Toleranz und Vernunft und verfasste pazifistische Werke mit leidenschaftlicher Verurteilung des Krieges.

In einer anderen Schrift, die den Titel *Dulce bellum inexpertis (Süß ist der Krieg den Unerfahrenen)* trägt, heißt es: „Wo ist denn das Reich des Teufels, wenn es nicht im Krieg ist?“.

Die markante Erasmusbrücke ist ein Wahrzeichen von Rotterdam.

ERASMUS VON ROTTERDAM (1466 ODER 1469 – 1536)

Ein großer Europäer

Erasmus von Rotterdam war Europäer, noch bevor es Europa als politische und kulturelle Einheit gab. Die Literatur und Philosophie der Antike war für ihn ein gemeinsames europäisches Erbe. Als Denker war er weniger innovativ denn als Produzent und Organisator einer geistig-kulturellen, auf Griechen und Römern beruhenden europäischen Identität.

Lebendige Antike

Um die Antike wieder lebendig werden zu lassen, sorgte der humanistische Gelehrte für die Veröffentlichung der Werke vieler antiker Autoren. „Ad fontes!“, zu den Quellen, lautete seine Devise, denn: „Vor allem muss man zu den Quellen selbst eilen, das heißt zu den Griechen und den Alten überhaupt.“ An der Universität Löwen gründete er ein Drei-Sprachen-Kolleg für die lateinische, griechische und hebräische Philologie. Seine eigenen Werke – der Vielschreiber verfasste über 150 Traktate – publizierte er ausnahmslos in der damaligen Gelehrtensprache Latein. Damit hatten die Studien des Erasmus immer etwas Elitäres an sich. Er orientierte sich an dem antiken Bildungsideal, das sich an die oberen Zehntausend und nicht an „das Volk“ richtete.

Erasmus kümmerte sich nicht nur um die „heidnische“ Literatur der Antike, sondern auch um die Quellen zum Christentum – allen voran um das Neue Testament. Dieses übersetzte er nach einer intensiven Auseinandersetzung mit dem griechischen Pendant und den Quellen ins Lateinische und gab es in einer neu bearbeiteten Ausgabe heraus. Damit knüpfte er an die Originalversion des im 1. und 2. Jh. entstandenen Fundaments der christlichen Lehre an.

Flaggenparade in Pardubice (Tschechien) zur Feier eines Jubiläums des Programms Erasmus+ in der Stadt (2019).

Unterwegs in Europa

Erasmus bereiste zahlreiche Länder und fungierte als Berater an den wichtigsten Königshöfen. Der Reformation, die sich ab 1517 erst in Deutschland, dann in der Schweiz und schließlich in ganz Europa rasant ausbreitete, stand der große europäische Humanist reserviert gegenüber.

Das Vermächtnis von Erasmus

Erasmus lebt – jedenfalls in dem nach ihm benannten Förderprogramm der EU. Es pflegt den kulturellen Austausch in Europa, insbesondere indem es Studierenden Auslandsaufenthalte vermittelt.

Der Kosmopolit Erasmus ebnete den Weg für eine europäische Identität, indem er Werke vieler Autoren der Antike veröffentlichte und sich intensiv mit der Übersetzung des Neuen Testaments ins Lateinische befasste.

Ein Denkmal für den großen Humanisten Reuchlin in seiner Geburtsstadt Pforzheim.

JOHANNES REUCHLIN (1455 – 1522)

Platon reloaded

Johannes Reuchlin war der wichtigste Vertreter des Humanismus. Wie Erasmus von Rotterdam verschrieb er sich der Wiederbelebung der für vorbildlich gehaltenen Antike. Daneben profilierte er sich als Vorkämpfer für einen interreligiösen Dialog – in einer Zeit, in der sich das Christentum als die einzig wahre Religion ansah.

Streit um die jüdische Kabbala

1517, im Jahr der Reformation, erschien sein Werk *De arte cabalistica (Von der Kunst der Kabbalistik)*. Die Kabbala ist die jüdische Lehre von der Mystik. Sie bewahrt die Geheimnisse Gottes, der Welt und der Menschen. Reuchlins Buch sorgte für großes Aufsehen. So gab es damals in christlichen Kreisen eine breite Anti-Stimmung gegen die Juden, die in der Forderung gipfelte, ihre Bücher zu vernichten. Juden sollten zum Christentum zwangsbekehrt werden. Reuchlin stellt sich auf die Seite der Juden: „Verbrennt nicht, was ihr nicht kennt." Die jüdische Kabbala, so sein Argument, bewahre Jahrhunderte altes Wissen. In der Philosophie sei nichts unser Eigentum, was nicht zuvor schon die Juden besessen hätten.

Während des Streits um die Kabbala wurde Reuchlin sogar einmal als Ketzer angeklagt. Doch schließlich siegte der humanistische Gedanke der Toleranz. So wurde der in Pforzheim geborene Gelehrte, der auch politisch aktiv war und zuletzt in Tübingen eine Professur für Hebräisch und Griechisch innehatte, zum großen Mittler zwischen Christentum und Judentum.

> Reuchlin! Wer will sich mit ihm vergleichen, zu seiner Zeit ein Wunderzeichen.
>
> Johann Wolfgang von Goethe

Platon und Pythagoras

Als Humanist hatte es ihm von den alten Philosophen besonders Platon angetan. Ihn rezipierte er in der spätantiken Form des Neoplatonismus. Auch Pythagoras, der im 6. Jh. v. Chr. lebte und wirkte, stand auf der Liste seiner favorisierten Gelehrten der Antike. Ihn sah er mit seinen Geheimlehren als Vorläufer der jüdischen Kabbalistik an.

Der deutsche Humanist vollzog den Brückenschlag zwischen der christlichen Lehre und der jüdischen Kabbalistik. Er legte den Grundstein für die Toleranz und gegenseitige Achtung zwischen den Religionen.

NICCOLÒ MACHIAVELLI (1469 – 1527)

Philosophie der Macht

Als die politische Lage in Italien äußerst instabil war, setzte sich Niccolò Machiavelli, selbst Politiker und Publizist, mit Fragen der Macht und Herrschaft auseinander. Seine Empfehlungen zur Stabilisierung der Macht legte er in seiner berühmten Schrift *Il principe* dar (um 1513 verfasst, erschienen 1532).

Von Menschen und Macht

Der Historiker Thukydides dachte im 5. Jh. v. Chr. anlässlich der wiederkehrenden Kriege darüber nach, wie es um die menschliche Natur bestellt sei. Seine Schlussfolgerung: Ein Wesenszug des Menschen sei das Streben nach Macht. Wenn er Macht habe, wolle er sie nicht mehr verlieren. Andere aber sinnen ebenfalls nach Macht. Darum komme es immer wieder zu Kriegen und Konflikten.

Ohne Moral und Verantwortung

2000 Jahre später schrieb Niccolò Machiavelli sein Werk *Il Principe (Der Fürst)*. Es wurde zu einem Klassiker der frühneuzeitlichen Staatsphilosophie, der auch in späteren Zeiten eifrig rezipiert wurde. Noch heute verwendet man den Ausdruck „machiavellistisch", um eine Politik zu geißeln, die ohne Moral und Verantwortung nur auf den Erwerb und die Sicherung von Macht zielt. Damit der Staat nicht untergehe, dürfe der Fürst auch Gewalt einsetzen, so Machiavelli. Eine zentrale Stelle im *Principe* lautet: „Ein Mensch, der immer nur das Gute möchte, wird zwangsläufig zugrunde gehen inmitten von so vielen Menschen, die nicht gut sind." Der Herrscher, so resümiert Machiavelli, müsse halb Mensch, halb Tier sein, um sich zu behaupten. Lüge und List seien legitime politische Mittel.

Ein Opfer der Medici

Machiavelli wusste, wovon er sprach. Im Florenz seiner Zeit herrschten chaotische Verhältnisse mit heftigen Fehden der Adelsfamilien. Unter dem Regime der Medici landete Machiavelli, der als Jurist auch politisch aktiv war, auf der Anklagebank und wurde gefoltert. Auf sein Landgut verbannt, schrieb er dort den *Principe*.

Machiavellis Denken ist vielschichtiger, als sein Hauptwerk *Der Fürst* vermuten lässt (Gemälde von 1894).

In seinem Hauptwerk *Der Fürst* zeichnete der Florentiner Machiavelli vor dem Hintergrund der Unruhen seiner Zeit das Bild eines Herrschers, der, um seine Macht zu sichern, nötigenfalls mit Gewalt und Terror regieren soll.

Der Republikaner

Dass er auch ganz anders konnte, bewies Machiavelli mit seiner Schrift *Discorsi*. Grundlage war die *Römische Geschichte* des antiken Autors Titus Livius über den Aufstieg Roms in der Zeit der Republik. In diesem Werk zeigt sich der Befürworter von Macht und Gewalt als überzeugter Anhänger der republikanischen Staatsform.

Thomas Morus' *Utopia* gilt als einer der ersten Science-Fiction-Romane der Literaturgeschichte. Der Stich zeigt Morus in seiner Zelle im Tower von London.

THOMAS MORUS (1478 – 1535)

Die Welt von morgen

Eigentlich stand Thomas Morus fest auf dem Boden der Wirklichkeit. Als Jurist und Mitglied des Parlaments machte er sich in England einen Namen, bekleidete höchste politische Ämter und verkehrte mit Geistesgrößen seiner Zeit. In seinem als philosophischer Dialog aufgebauten Roman *Utopia* jedoch erschuf er eine idealisierte, (fast) unmögliche Welt.

Die Insel Utopia

Morus' philosophisches Hauptwerk spielt in einem Niemandsland. „Nicht-Ort" lautet die wörtliche Übersetzung des griechischen Begriffs *utopia*. 1516 veröffentlichte Morus – seinen Namen More übertrug er gemäß der damaligen Praxis der Humanisten ins Lateinische – den Roman mit dem langen Titel *Von der besten Verfassung des Staates und von der neuen Insel Utopia*: Ein Weltreisender aus Portugal fährt mit dem Schiff in die Länder der Neuen Welt, wenige Jahre nach den Entdeckungsreisen des italienischen Kapitäns Amerigo Vespucci. Er gelangt zu der Insel Utopia, deren Bewohner in einer idealen Gemeinschaft leben, ohne Standesunterschiede, ohne Privatbesitz, demokratisch. Das Zwietracht säende Geld ist abgeschafft, die Güter werden nach Bedarf verteilt. Bürokratie ist den Menschen auf Utopia unbekannt.

Vorbild Platon

Morus' *Utopia* ist ein Gegenentwurf zu den staatlichen Verhältnissen seiner eigenen Zeit. Er knüpft damit an das Staatsmodell an, das Platon in der *Politeia* und dem *Timaios* mit dem Ideal des utopischen Staates Atlantis entworfen hatte. Die Insel Utopia, wie sie Morus beschreibt, sollte auch ein Plädoyer für soziale Reformen in England sein.

Das Beispiel des Thomas Morus machte Schule. Durch ihn etablierte sich die Utopie als Form der neuzeitlichen Reflexion über den Staat. So veröffentlichte beispielsweise 1623 der Italiener Tommaso Campanella sein viel gelesenes Buch *La città del Sole (Der Sonnenstaat)* – die visionäre Darstellung einer idealen Gesellschaft, die alles teilt und einen Sonnengott als oberste Autorität verehrt.

Mit Humor

1535 wurde Thomas Morus wegen Hochverrats zum Tode verurteilt. Als er auf das Schafott stieg, bat er den Henker: „Helft mir herauf, herunter werd' ich von selber kommen."

Thomas Morus' Roman *Utopia* entwirft ein ideales Modell von Staat und Gesellschaft – als Gegenpol zu den realen politischen Verhältnissen seiner Zeit.

MICHEL DE MONTAIGNE (1533 – 1592)

„Philosophieren heißt sterben lernen“

In Montaignes gleichnamigem Essay sowie in weiteren Werken spielt der Tod eine wichtige Rolle. Dabei bezieht sich der Franzose auch auf Platon und Epikur, die sich bereits in der Antike mit dem Thema auseinandergesetzt hatten. Während Platon empfahl, das Leben stets im Bewusstsein des auch Sterbenmüssens zu führen, vertrat Epikur die Auffassung, man solle sich vor dem Tod nicht fürchten und sprach vom ihm als „Verlust der Empfindung“.

Sterben lehren bedeutet leben lehren

Montaigne, der sich vor den politischen Wirren der Zeit in die Einsamkeit seines Landgutes zurückzog, errang seinen Platz in der Geschichte der philosophischen Verarbeitung des Themas Tod mit der Schrift *Philosophieren heißt sterben lernen*. Man müsse sich im Sinne Platons stets und überall mit dem Tod auseinandersetzen, mahnt Montaigne – und wer die Menschen sterben lehre, lehre sie leben.

> Que sais-je? (Was weiß ich?)
>
> Montaignes Wahlspruch

Wenn der Tod schnell und gewaltsam eintrete, hätten wir keine Zeit, uns vor ihm zu fürchten, erklärt Montaigne (in diesem Punkt folgt er Epikur). Leide man hingegen an einer Krankheit und trete der Tod langsam ein, überkomme den Patienten eine gewisse Geringschätzung des Lebens.

Philosophie der Selbsterfahrung

Montaigne schrieb in der Abgeschiedenheit eine Sammlung von Schriften, die unter der Bezeichnung *Essays* (wörtlich: Versuche) zusammengefasst sind. Sie handeln nicht nur vom Tod, sondern bieten das gesamte Spektrum der Philosophie auf. Viel beschäftigte er sich mit der Antike, vor allem mit der Stoa. Doch ging es ihm

Trotz Montaignes intensiver Beschäftigung mit dem Thema Tod gilt Studierenden die Berührung des rechten Schuhs seiner Statue in Paris als glücksbringend.

Montaignes Philosophie diente als Instrument der Selbsterfahrung: Auf das elementare Ereignis des Todes müsse der Mensch jederzeit vorbereitet sein.

letztlich um die Selbsterfahrung. Er studiere sich, sagte er, mehr als irgendeinen anderen Gegenstand: „Das ist meine Metaphysik, meine Physik."

Skeptiker und Dogmatiker

Philosophen werden gern bestimmten Richtungen zugeordnet und mit einem Etikett versehen. Montaigne wird gern als „Skeptiker" bezeichnet, dies jedoch nicht im modernen Sinne als jemand, der alles anzweifelt. Philosophisch propagierten die Skeptiker eine bestimmte Form des Denkens: Die Wahrheit zu erkennen sei ein unerreichbares Ideal. Man müsse daher kritisch sein gegenüber allen dogmatischen Ansichten.

FRANCIS BACON (1561 – 1626)

Die Ideenwelt des Empirismus

„Knowledge is power" (Wissen ist Macht), erklärte im 16. Jh. der englische Philosoph Francis Bacon und setzte damit eine Entwicklung in der Philosophie in Gang, die den Übergang von der Scholastik des Mittelalters sowie der Antikenbegeisterung des Humanismus und der Renaissance zu einer ganz neuen Form des Denkens darstellte, die man als Empirismus bezeichnet.

Wissen statt Glauben

Charakteristisch für diese Neuerung ist die Aufnahme von Erkenntnissen der Naturwissenschaften, die, wie Bacon meinte, den Menschen in einen höheren Stand des Daseins bringe.

Empirismus hat mit Erfahren zu tun. Auch heute noch spricht man von empirischen Fakten. Gemeint sind Erkenntnisse, die auf Beobachtung und konkreten Erlebnissen beruhen.

Dieses Postulat geht auf antike Philosophen zurück. Die Empiristen formten nun aus der abstrakten Philosophie eine exakte Philosophie: Sie setzten sich ab von der Theologie, die im Mittelalter die Sicht der Welt bestimmt hatte – Wissen statt Glauben lautete jetzt die Devise. Die Theologie repräsentierte von nun an das Übernatürliche und Übersinnliche, die Philosophie das Vernünftige, Natürliche, sinnlich Erfahrbare.

Empiristen gegen Rationalisten

Philosophisch gingen die Empiriker auf Konfrontationskurs zu den Rationalisten. Für die Empiriker beruht alles Wissen auf den Wahrnehmungen der Sinne. Den Rationalisten (vom lateinischen Wort *ratio*, Vernunft) erschließen sich Welt und Sein durch Verstand und Logik. Die Empiriker wiederum ließen sich von antiken Philosophen inspirieren, nach denen nichts vom Verstand begriffen

Francis Bacon bei der Arbeit an seinem Hauptwerk *Instauratio magna.*

Im 16. Jh. begann in Europa die große Zeit der Empirie. Statt durch Vernunft (wie bei den Rationalisten) wird Erkenntnis durch Erfahrung und Beobachtung gewonnen.

werden könne, das nicht zuvor durch die Sinne erfasst worden sei. Mit Empirismus und Rationalismus wurden Leitmotive begründet, die die Entwicklung der Philosophie bis hin zu den Aufklärern um Kant mitbestimmen sollten.

Die heutigen, modernen Wissenschaften gehen in ihren Methoden von einer Kombination aus Theorie und Empirie aus: Die Theorie ist die Voraussetzung für die Empirie.

Beobachten, Daten sammeln – empirische Methoden sind heute eine wichtige Grundlage für wissenschaftliches Arbeiten.

FRANCIS BACON (1561 – 1626)

Wissen ist Macht

Am Beginn des europäischen Empirismus steht der englische Staatsmann und Philosoph Francis Bacon. Er gehörte den obersten Kreisen der Gesellschaft an; sein Vater war Großsiegelbewahrer von Königin Elisabeth I., und unter König James I. bekleidete er dieses Amt selbst. Später wegen Bestechung angeklagt, endete seine politische Karriere, und er widmete sich voll und ganz den philosophischen Studien.

Systematische Empirie

Bacon gab dem Empirismus eine Systematik. Erkenntnis, so lehrte er, gewinnt man durch Induktion, nicht durch Deduktion. Die Induktion der Empirie geht vom Detail aus und erschließt von dort aus das Ganze. Die Deduktion der Rationalisten geht umgekehrt vom Allgemeinen aus und erschließt dadurch das Besondere.

Die große Erneuerung

Sein Hauptwerk trägt den ambitionierten Titel *Instauratio magna (Große Erneuerung der Wissenschaften)*. Es war auf sechs Bücher angelegt, mehr als zwei schaffte Bacon trotz aller Umtriebigkeit nicht. So müssen sich Bacon-Fans mit den Werken *Über die Würde und den Fortgang der Wissenschaften* und *Das neue Organon* begnügen. Das „alte“ *Organon* („Werkzeug“) stammt aus der Feder des Aristoteles und enthält dessen Schriften über die Logik.

Berühmte Empiristen

Bacon gab den Startschuss, und viele andere große Geister beteiligten sich nach seinem Vorbild an dem Wettbewerb um die richtige Lehre. Bedeutende Empiristen waren in der Zeit nach Bacon der englische Arzt und Philosoph John Locke (1632 – 1704), der schottische Philosoph und Ökonom David Hume (1711 – 1776) sowie der französische Philosoph Étienne Bonnot de Condillac (1714 – 1780).

Bacon inkognito?

Seit dem 18. Jh. bis in die Gegenwart hinein steht Francis Bacon im Mittelpunkt einer kurios anmutenden Debatte. Angeblich soll er Ghostwriter des weltberühmten englischen Dichters William Shakespeare gewesen sein. Später wurden auch andere Namen ins Spiel gebracht. Bacon als Autor von *Othello*? Eher nicht. Für diese kühne These gibt es überhaupt keinen Beweis.

Bacon und seine Nachfolger etablierten den Empirismus als wichtigen Zweig der neuzeitlichen Philosophie. Erkenntnis wird durch Induktion, den Weg vom Detail zum Ganzen, gewonnen.

NIKOLAUS KOPERNIKUS (1473 – 1543)
JOHANNES KEPLER (1571 – 1630)
GALILEO GALILEI (1564 – 1642)

Ein neues Weltbild entsteht I

Philosophie vollzieht sich nicht im „luftleeren Raum". Sie reagiert auf den Zeitgeist – oder aber: Sie bestimmt ihn. Und immer steht sie dabei mit anderen Wissenschaften in Verbindung – mit den Geisteswissenschaften, den Sozialwissenschaften und den Naturwissenschaften.

Revolution der Astronomie

Das zeigte sich in aller Deutlichkeit bei den radikalen Umwälzungen, die sich im 16. und 17. Jh. in Mathematik und Astronomie vollzogen. Das Ergebnis war ein völlig neues Weltbild, das die bis dahin geltenden Lehren der Kirche auf den Kopf stellte.

> ”
> Und sie bewegt sich doch!
>
> Galilei zugeschriebener Ausspruch nach seiner Verurteilung durch die kirchliche Inquisition

An diesen Erkenntnissen hatte auch die Philosophie einen gehörigen Anteil. Durch den Empirismus wurden Beobachtung und Erfahrung ins Zentrum des Denkens und Forschens gerückt und es hielten die exakten Methoden der Naturwissenschaften Einzug.

Damit wurden auch die starren Glaubensmuster des Mittelalters überwunden. Die Erde ist eine Scheibe und sie bildet den Mittelpunkt des Universums, lautete die christliche Lehre.

Dabei wusste man bereits in der Antike, dass die Erde rund ist. Sogar den Erdumfang hatte man – übrigens ziemlich exakt – bereits im 3. Jh. v. Chr. berechnet. Mit den Fahrten von Christoph Kolumbus, der im 15. Jh. Amerika entdeckte, setzte sich das Bild von der Erdkugel dann auch gegen den Widerstand der Kirche allgemein durch.

Galileo Galilei geriet durch die Schlüsse, die er aus seinen Beobachtungen mithilfe von Teleskopen zog, in Konflikt mit der Kirche.

Erde – Planeten – Sonne

Bahnbrechend waren die Forschungen von Nikolaus Kopernikus. Der Arzt und Astronom ersetzte das „geozentrische" (alles im Universum dreht sich um die Erde) durch das „heliozentrische" Weltbild (die Erde bewegt sich und dreht sich um die Sonne). Der Astronom und Mathematiker Johannes Kepler erweiterte die Lehre durch die Beobachtung, dass die Planeten die Sonne in Ellipsen umkreisen. Der italienische Gelehrte Galileo Galilei schärfte – ganz im Sinne der philosophischen Empirie – diese Beobachtungen durch den Einsatz von Fernrohr bzw. Teleskop.

Im 16. Jh. wurde das kirchliche Weltbild durch die Erkenntnis erschüttert, dass sich die Erde um die Sonne dreht und nicht umgekehrt. Philosophische Denkweisen (z. B. der Empirismus) hatten an dieser Entdeckung großen Anteil, und umgekehrt beeinflusste sie wiederum die Philosophie der Folgezeit.

Newton behauptete, ein herabfallender Apfel habe ihn zu den Gravitationsgesetzen inspiriert.

ISAAC NEWTON (1643 – 1727)

Ein neues Weltbild entsteht II

Isaac Newton war ein englischer Wissenschaftler mit einer beeindruckenden Bandbreite an Forschungsgebieten. Er betätigte sich als Naturphilosoph, Physiker, Astronom, Mathematiker, Alchemist und Theologe. Damit ist er einer der großen Universalgelehrten, und er markiert einen wichtigen Schritt in Richtung moderner Wissenschaften. Zu seiner Zeit galten Naturwissenschaften und Philosophie noch als Einheit, und Newton selbst verstand seine Arbeiten als philosophische Abhandlungen.

Grundlegende Gesetze

Newton sah sich dabei in der Tradition griechischer Philosophen wie Thales und Aristoteles. Daher spricht er bezeichnenderweise bereits im Titel einer seiner wichtigsten Schriften von der Naturphilosophie, deren mathematische Prinzipien er darstellen möchte. Die *Philosophiae Naturalis Principia Mathematica (Mathematische Prinzipien der Naturphilosophie)* veröffentlichte er 1687. Darin stellt Newton, der ab 1703 Präsident der berühmten Royal Society war, drei grundlegende Gesetze auf: das Trägheitsgesetz – Körper befinden sich im Normalfall im Ruhezustand und werden nur durch Einwirken äußerer Kräfte in Bewegung gesetzt; das Aktionsgesetz – ein Körper bewegt sich in gerader Linie in die Richtung, in die die Kraft wirkt; das Reaktionsgesetz – eine einwirkende Kraft löst eine Gegenkraft aus.

Mechanik und Gravitation

Bahnbrechend waren vor allem Newtons naturphilosophische Forschungen auf dem Gebiet von Mechanik und Gravitation. Sie beruhten wiederum auf seinen mathematischen Erkenntnissen zur Integral- und Differentialrechnung, bei der es darum geht, den Inhalt beliebiger Flächen zu bestimmen. Damit entdeckte er Gesetze, die von derselben Logik und Exaktheit geleitet waren, die auch der Philosophie neue Wege wiesen.

Geburtstag mal zwei

Isaac Newton wurde scheinbar zweimal geboren, das erste Mal am 15. Dezember 1642, das zweite Mal am 4. Januar 1643. 1582 wurde in den katholischen Ländern der von Papst Gregor XII. in Auftrag gegebene Kalender eingeführt. Nichtkatholische Länder wie England rechneten noch nach dem alten Julianischen Kalender.

Nach heutigen Kategorien war Newton Naturwissenschaftler, nach zeitgenössischem Verständnis Philosoph. Mit seinem kritisch-rationalen Denken war er ein Wegbereiter der Aufklärung.

Der Humanist Erasmus von Rotterdam wollte die antike Kultur mit dem Christentum in Einklang bringen.

Renaissance & Humanismus

1 Erasmus von Rotterdam beschäftigte sich in seinen Schriften besonders mit dem Thema …

- ☐ Frieden
- ☐ Freiheit
- ☐ Hoffnung
- ☐ Weisheit

2 Nach welchem reisefreudigen Philosophen wurde ein Austauschprogramm für Studierende benannt?

- ☐ Johannes Reuchlin
- ☐ Erasmus von Rotterdam
- ☐ Galileo Galilei
- ☐ Niccolò Machiavelli

3 Johannes Reuchlin gilt als Mittler zwischen …

- ☐ Judentum und Islam
- ☐ Christentum und Islam
- ☐ Christentum und Judentum
- ☐ Christentum und Atheismus

4 Nach Machiavelli muss ein Herrscher, der erfolgreich sein will, halb Mensch sein, halb …

- ☐ Gott
- ☐ Tier
- ☐ Geist
- ☐ Engel

5 Das philosophische Hauptwerk von Thomas Morus macht die Leserschaft vertraut mit der Insel …

- ☐ Atlantis
- ☐ Utopia
- ☐ Tahiti
- ☐ Avalon

6 Welchen Titel trägt eine Schrift von Michel de Montaigne? „Philosophieren heißt … ."

- ☐ leben lernen
- ☐ denken lernen
- ☐ sterben lernen
- ☐ erkennen lernen

7 Was betrachtet der Empirismus als Schlüssel zu Erkenntnissen über die Welt?

- ☐ Verstand
- ☐ Erfahrung
- ☐ Glaube
- ☐ Mathematik

8 Francis Bacon wurde angedichtet, Ghostwriter eines berühmten Literaten zu sein. Um wen handelt es sich?

- ☐ William Shakespeare
- ☐ Walter Raleigh
- ☐ Edmund Spenser
- ☐ Ben Jonson

Aufklärung &
Idealismus

Der Philosoph und die Königin: René Descartes erklärt Königin Christina von Schweden seine Philosophie.

Das Titelbild von Hobbes' *Leviathan* zeigt einen Herrscher, dessen Körper aus vielen Menschen besteht.

THOMAS HOBBES (1588 – 1679)

Alle Macht dem Herrscher

Das Menschenbild von Thomas Hobbes beruhte nicht gerade auf übergroßer Sympathie anderen gegenüber. Im Gegenteil: Er traute den Menschen nicht viel Gutes zu, wovon zwei seiner berühmtesten Aussagen zeugen.

Ein Ungeheuer als Symbol

So galt für ihn: „Der Mensch ist dem Menschen ein Wolf" – eine Anleihe bei dem römischen Dichter Plautus, im lateinischen Original „*Homo homini lupus*". Und: Der Naturzustand des Menschen sei „der Krieg aller gegen alle“ *(bellum omnium contra omnes)*. Die Menschen lebten von Natur aus ohne Gesetze, ohne Gemeinschaft, ohne Staat – anders als in der Theorie des Aristoteles, der den Menschen als ein *zoon politikon*, als ein von Natur aus zur Gemeinschaft strebendes Wesen, gesehen hatte. Für Hobbes gehen die Menschen miteinander wie die Wölfe um, sie befinden sich in einem dauerhaften Kriegszustand – wenn man sie denn lässt. Dieses pessimistische Bild hatte Hobbes zu einem Großteil aus den Krisen und Kriegen seiner Zeit gewonnen – den Bürgerkriegen in seiner Heimat England und dem Dreißigjährigen Krieg auf dem europäischen Kontinent. Seine Lösung des Problems lieferte Hobbes in seinem staatsphilosophischen Hauptwerk *Leviathan*. Bibelfeste kennen den Namen: Dahinter verbirgt sich ein mythisches Seeungeheuer, das im Alten Testament die Sünder verschlingt.

Über den Gesetzen stehen

Ein Staat, in dem jeder gegen jeden kämpfe, könne nicht funktionieren, er versinke im Chaos. Da würde, wie Hobbes im *Leviathan* ausführt, nur ein starker Staat helfen, und ein starker Staat wäre dann gegeben, wenn an dessen Spitze ein starker Mann regiere. Der „Souverän“ stehe über den Gesetzen und könne in Fragen des Rechts und der Moral so entscheiden, wie er es für richtig halte. Das Volk wäre gleichwohl in dieses System eingebunden: Alle, die zu dem Staat gehören würden, schließen einen Gesellschaftsvertrag, der die Rollen im Staat klar definiert. Mit diesen Ideen liefert Hobbes eine theoretische Begründung für die absolutistischen Systeme, wie sie sich in dieser Zeit in vielen Teilen Europas durchsetzten. Gefragt war ein Herrscher, der „*legibus absolutus*“ regiert, also losgelöst von den Gesetzen.

> ” Der Mensch ist dem Menschen ein Wolf.

Thomas Hobbes liefert in seinem berühmten Werk *Leviathan* die philosophische Grundlage für einen machtvollen Staat mit einem starken Souverän an der Spitze.

THOMAS HOBBES (1588 – 1679)

Erkenntnistheorie und Religion

Hobbes wurde vor allem durch seine Staatsphilosophie bekannt. Doch war er auch auf anderen Gebieten der Philosophie aktiv – zwar nicht so spektakulär, aber doch in einer Weise, dass er auch die philosophischen „Dauerbrenner" Erkenntnistheorie und Religion (bzw. Gott) mit neuen Einsichten und Impulsen bereicherte.

Philosophie der Bewegung

Zentral für seine Erkenntnistheorie ist der Gedanke der Bewegung. Diese Lehre ist Teil seines mechanischen Weltbildes, gilt aber auch für den Menschen. Hobbes glaubte, dass die menschliche Wahrnehmung nicht zu einer gesicherten Erkenntnis über die Welt gelangen könne. Beim Menschen gebe es Bewegungen zum Erkennen und Bewegungen zum Wollen. Im ersten Fall sind dies die Wahrnehmung und die Vorstellung. Wollen sei eine Bewegung, die eine im Herzen hervorgerufene Bewegung voraussetze. Der Wille des Menschen bestehe darin, nach Erwerb und Sicherung der Macht des Wollenden zu streben. Aus diesen erkenntnistheoretischen Ansätzen gewann Hobbes seine Auffassung vom menschlichen Streben nach Macht, das in seiner Staatsphilosophie zum Postulat des machtvollen Herrschers führte.

Hobbes, das Genie

Heute würde man Hobbes als Wunderkind, frühreif oder hochbegabt bezeichnen. Der Sohn eines Landpfarrers konnte schon mit vier lesen, schreiben und rechnen. Auch danach war er seinem Alter intellektuell immer weit voraus.

Glauben und Wissen

Was die Religion betrifft, sah Hobbes den Menschen nicht in der Lage, Gottes Existenz nachzuweisen. Ein Atheist war er trotzdem

Mit seiner Erkenntnistheorie schuf Hobbes die Voraussetzungen für sein Menschenbild und für seine Staatsphilosophie. In Glaubensangelegenheiten war er skeptisch und trennte zwischen Glauben und Wissen.

nicht, er nahm eher die Position eines Agnostikers ein. Man müsse, sagte er salomonisch, den Glauben vom Wissen trennen. Seine skeptische Haltung in religiösen Fragen führte auch dazu, dass das Gottesgnadentum als Legitimation für den absolutistischen Herrscher keinen Eingang in seine Staatsphilosophie fand.

Descartes mit Königin Christina kurz vor seinem Tod (Detail eines Gemäldes von Pierre Louis Dumesnil).

RENÉ DESCARTES (1596 – 1650)

„Ich denke, also bin ich“

Descartes hat die „Urheberrechte“ auf eine der bekanntesten Aussagen in der Geschichte der Philosophie: „*Cogito ergo sum*“ – „Ich denke, also bin ich“. Das Zitat stammt aus dem 1641 erschienenen Werk *Meditationes de prima philosophia (Meditationen über die erste Philosophie)*, das er sechs Jahre später ins Französische übertrug.

Zweifeln mit Methode

Kern der Philosophie Descartes ist der Zweifel, jedoch nicht der Zweifel an sich, sondern der „methodische Zweifel“. Alles, was für den Menschen nicht deutlich erfassbar sei, müsse zunächst in Zweifel gezogen werden, selbst die eigene Existenz. Von dieser Position aus müsse es darum gehen, nach dem zu forschen, was als Gewissheit gelten könne. Am Anfang stehe der einzig unbezweifelbare Satz „Ich denke, also bin ich“. Denn, so folgert Descartes, wenn man denkend alles in Zweifel ziehe, erkenne man, dass man es selbst sei, der so denkt. Ergo: Man müsse als denkende Person real sein.

Der Mensch und die Außenwelt

Da der Mensch aber nun einmal ist, kann er weitere Schlussfolgerungen ziehen. Descartes unterscheidet die *res cogitans* und die *res extensae*. Unter Ersterem, dem „denkenden Etwas“, versteht er den Menschen. Die *res extensae*, die „ausgedehnten Dinge“, sind die Außenwelt. Damit wird der für die weitere Entwicklung der Philosophie wichtige Gegensatz zwischen Ich und Welt, zwischen Körper und Seele, begründet. Der französische Zweifler, der sich über das Denken als reales Wesen definierte, ebnete auf diese Weise den Weg für den philosophischen Idealismus: Die Wirklichkeit ist ein System von Ideen, die im Bewusstsein eines jeden Individuums verankert sind.

Kein leichtes Schicksal

Descartes war kein Schreibtisch-Gelehrter. Er führte im Gegenteil ein außerordentlich bewegtes Leben. Als Soldat kämpfte er im Dreißigjährigen Krieg, und er reiste durch halb Europa. Kurz nachdem ihn die schwedische Königin Christina als Lehrer angestellt hatte, starb er an einer Lungenentzündung.

René Descartes entwickelte eine vom Zweifel ausgehende analytische Methode, um zu sicheren wissenschaftlichen Erkenntnissen zu gelangen. Berühmt ist seine Formel „Ich denke, also bin ich“.

JOHN LOCKE (1632 – 1704)

Wir sind das Volk!

Die wissenschaftliche Leistungsbilanz von John Locke ist beeindruckend. Der umtriebige Engländer betätigte sich als Psychologe, Pädagoge und Philosoph. Er war Mitglied der renommierten Royal Society, kannte sich in der Staatslehre und in den Naturwissenschaften aus und bekleidete politische Ämter.

Empirie und Verstand

Neben Francis Bacon gehört er als Philosoph zu den führenden Empiristen, die methodisch von der Erfahrung und der Beobachtung ausgingen, im Gegensatz zu den Rationalisten, bei denen als Medien der Erkenntnis die Vernunft und der Verstand ganz oben rangierten. Zu einer Bibel der empiristischen Erkenntnistheorie avancierte sein 1690 erschienenes Hauptwerk *An Essay Concerning Humane Understanding (Eine Abhandlung über den menschlichen Verstand)*. Daneben befasste er sich in zahlreichen Publikationen mit Themen des Rechts, der Ökonomie, Finanzwissenschaften, Medizin, Pädagogik und Religion.

„Alle Menschen sind gleich geboren. Sie sind von ihrem Schöpfer mit unveräußerlichen Rechten begabt. Zu diesen Rechten gehören Leben, Freiheit und Glückseligkeit.

Aus der amerikanischen Unabhängigkeitserklärung

Einfluss auf die Politik

Auf große Resonanz stieß bereits zu seinen Lebzeiten, mehr aber noch nach seinem Tod die von ihm entwickelte Staatsphilosophie. Nicht in jedem Fall gelingt es Philosophen, mit ihren Lehren die Welt zu verändern, aber sie zumindest in eine andere Richtung zu lenken. Bei John Locke war dies der Fall. Seine vom Geist der Aufklärung geprägten Ideen beeinflussten die amerikanische Unabhängigkeitserklärung von 1776 und die Französische Revolution von 1789.

1689 veröffentlichte er – wegen der Brisanz der Aussagen anonym – die *Two Treaties of Government (Zwei Abhandlungen über*

John Lockes politisches Werk hatte u. a. großen Einfluss auf die Verfassung der USA.

John Locke war ein führender Empirist. In seiner Staatsphilosophie entwickelte er den Gedanken der Volkssouveränität als Gegenmodell zum Absolutismus.

die Regierung). Sie bildeten ein Manifest des politischen Liberalismus in Zeiten des Absolutismus. Dem Ideal des machtvollen Herrschers setzte Locke die Vision von der Macht des Volkes, der „Volkssouveränität", gegenüber. Der Zweck der Regierung, schleuderte Locke den Potentaten entgegen, sei das Wohl der Menschheit. Gelinge ihnen das nicht, dürfe sich das Volk wehren.

Mit seinen „ketzerischen“ Gedanken stellte sich Spinoza gegen das orthodoxe Judentum – und wurde aus der Gemeinde ausgeschlossen.

BARUCH DE SPINOZA (1632 – 1677)

Immer kritisch bleiben!

In dem Dauer-Wettbewerb um die richtige Sicht der Dinge zwischen Empiristen und Rationalisten erhielt die Gruppe der Vernunft-Befürworter in Gestalt des niederländischen Gelehrten Baruch de Spinoza prominente Unterstützung.

Plädoyer für den Pantheismus

Wie Descartes sah Spinoza die Vernunft (*ratio*) als Quelle aller Wahrheit und Weisheit an. Der Rationalismus trat in Konkurrenz zum Empirismus (S. 78), dessen Anhänger (John Locke, Francis

Bacon, David Hume) nicht den Verstand, sondern die Erfahrung als Quelle der Erkenntnis ansahen.

Der in Amsterdam geborene jüdische Denker lehrte, Gott und die Natur seien identisch, und wurde so zum Befürworter des Pantheismus – einer religiösen Vorstellung, wonach alle Erscheinungen und Phänomene der Welt göttlich inspiriert sind (*pan* bedeutet im Griechischen „ganz" oder „alles", *theismus* ist vom griechischen Wort für Gott, *theos*, abgeleitet). Spinoza predigt das Vorhandensein eines göttlichen Prinzips als ewiger, unvergänglicher, einziger Substanz, die alles Seiende umschließe.

Im Abseits

Mit dieser Lehre verband Spinoza eine kritische Haltung gegenüber den herkömmlichen Religionen. Ihn störten die vielen Verbote und Anweisungen in den Schriften von Juden und Christen. Sie wollte der Philosoph durch eine positiv wirkende Vernunft ersetzen.

Freunde machte er sich mit diesen radikalen Ansichten nicht. Im Gegenteil: Das orthodoxe Judentum wandte sich von Spinoza ab, und Spinoza wandte sich vom orthodoxen Judentum ab. Gerade einmal 23 Jahre alt, wurde er aus der jüdischen Gemeinde ausgeschlossen und verdiente sein Geld fortan als Glasschleifer. So musste der kreative Freigeist die Konsequenzen für seinen Vorstoß gegen die herrschende dualistische Lehre – hier die Welt, da Gott – tragen.

Spinoza schrieb viel, doch wurde zu seinen Lebzeiten nur ein einziges Werk veröffentlicht, die *Renati Des Cartes Principiorum Philosophiae Pars I et II, More Geometrico demonstratae* (1663).

Freund und Feind

Spinoza hatte eine Vielzahl von Gegnern. Doch hegten viele prominente Schriftsteller Sympathien für seine Gedanken. So gehören Herder, Lessing und Goethe zu jenen Größen, die seine Ideen schätzten.

Spinoza war einer der führenden Rationalisten. Mit seinem Plädoyer für einen Pantheismus löste er kontroverse Debatten aus.

GOTTFRIED WILHELM LEIBNIZ (1646 – 1716)

„Die beste aller möglichen Welten"

Gottfried Wilhelm Leibniz war ein äußerst produktiver Philosoph. Der breiten Palette seiner Themen entsprach eine bewegte berufliche Laufbahn. Nach Stationen in Mainz, Paris, London und Wolfenbüttel wurde er 1676 von Herzog Johann Friedrich von Braunschweig-Lüneburg als Hofbibliothekar nach Hannover berufen.

Lehre von den Monaden

Dieses Amt, wie geschaffen für einen universal interessierten Gelehrten, bekleidete Leibniz bis zu seinem Tod. In dieser Zeit entfaltete er auf den verschiedensten Wissensgebieten eine außerordentlich rege Tätigkeit. In Mathematik (hier begründete er die Infinitesimalrechnung und konstruierte eine Rechenmaschine), Geschichte und Rechtswissenschaften war er ebenso bewandert wie in der Theologie und vor allem in der Philosophie, die die Klammer seiner weitverzweigten Interessen bildete.

Grundzug der Leibnizschen Philosophie ist, im Anschluss an die Lehren Descartes, die rationalistisch-konstruierende Vernunft. Die Welt besteht für ihn aus Monaden (vom Griechischen *monas* = Einheit). Sie bestimmen und machen aus, was auf der Welt existiert und was auf der Welt geschieht. Jede Monade ist einzigartig und individuell.

Deutsch hält Einzug in die Universitäten

Die Philosophen des Mittelalters schrieben ihre Traktate auf Latein. Leibniz benutzte die französische Sprache. Auf Deutsch schrieb als erster der Leipziger Gelehrte Christian Thomasius (1655–1728). Auch seine Vorlesungen an der Universität hielt er in deutscher Sprache. Philosophisch gehörte Thomasius zu den Protagonisten der Aufklärung.

Leibniz entwickelte in Gesprächen mit der preußischen Königin Sophie Charlotte Teile seiner philosophischen Ideen.

Leibniz war ein vielseitiger Forscher. Als Rationalist plädierte er für den Vorrang der Vernunft. Stellung nahm er auch zur Frage, warum Gott Böses zulässt.

Theodizee

Die von Gott geschaffene Welt ist für Leibniz „die beste aller möglichen Welten". Kompakt fasst er mit diesen Worten seine Haltung zum Problem der Theodizee („Rechtfertigung Gottes") zusammen, das schon die Philosophen der Antike beschäftigt hatte. Warum, so lautet die Frage, lässt Gott in der Welt das Böse und das Übel zu, wenn er doch ein gerechter und gütiger Gott sein soll? In der vollkommenen, von Gott geschaffenen Welt hat das Übel, so lehrt Leibniz, den kleinsten Raum, und der Mensch soll sich bemühen, das Übel immer geringer und das Glück immer größer werden zu lassen.

Bereits 1673 stellte Leibniz der Royal Society in London eine von ihm entwickelte Rechenmaschine vor. Erhalten ist ein Exemplar von 1690.

GOTTFRIED WILHELM LEIBNIZ (1646 – 1716)

Das letzte Universalgenie

Es gab Zeiten, da konnten Wissenschaftler noch alles wissen – oder zumindest fast alles. Aber die wissenschaftliche Entwicklung schreitet stetig voran, alte Gewissheiten werden durch neue Erkenntnisse ersetzt. Dazu kommen immer neue Wissensgebiete, neue Methoden, neue Fragestellungen.

Generalisten und Spezialisten

Die antiken Philosophen waren noch Generalisten, die auf vielen Wissensgebieten arbeiteten. Auch im Mittelalter war der Schatz des Wissens für einzelne große Geister einigermaßen überschaubar und erfassbar. Doch mit den rasanten Veränderungen, die in der Frühen Neuzeit in Politik, Kultur und Forschung vonstatten gingen, begann die Zeit der Spezialisten.

Gottfried Wilhelm Leibniz war ein Relikt aus alten Zeiten. Der Bogen seiner Wissens- und Forschungsgebiete war so weit gespannt, dass er sich in dieser Hinsicht mühelos mit den alten Generalisten messen konnte.

Produktiver Gelehrter

Die ungemeine Produktivität – die Sammlung seiner Schriften inklusive der Korrespondenz umfasst etwa unglaubliche 40 000 Titel – lag nicht nur in seinen besonderen geistigen Kapazitäten und einer immensen Neugier begründet (Leibniz selbst sagte, er habe beim Aufwachen schon so viele Ideen, dass er sie am Tage gar nicht alle niederschreiben könne). Stimuliert wurde sein Wissensdurst auch durch französische Gelehrte, die – allerdings in Teamwork und nicht in entbehrungsreicher individueller Arbeit – in Wörterbüchern und Lexika das Wissen der Zeit zu erfassen versuchten. Ihren Höhepunkt fand diese Entwicklung aber erst nach dem Tod von Leibniz mit der Enzyklopädie des französischen Aufklärers Dénis Diderot.

Ein Universalgenie mit Hannover-Bezug hat Anspruch darauf, dass nach ihm ein Keks benannt wird. Das dachte auch der Süßwaren-Fabrikant Hermann Bahlsen aus Hannover (1859 – 1919) und gab seinem bis heute beliebtem Produkt den Namen Leibniz-Keks.

Und so stehen auf der Produktionsliste des letzten Universalgenies Leibniz beispielsweise Pläne für die Konstruktion eines U-Bootes neben Empfehlungen für die Anwendung rationeller Verfahren beim Bergbau und der Technik von Türschlössern.

Leibniz war ein Universalgelehrter. In der Zeit des beginnenden Spezialistentums pflegte er die Tradition des philosophisch und wissenschaftlich umfassend gebildeten Forschers.

JEAN-JACQUES ROUSSEAU (1712 – 1778)

Zurück zur Natur

Rousseau nur einen Philosophen zu nennen, würde der Vielfalt seiner Aktivitäten nicht gerecht. Heute würde man ihn als Publizisten bezeichnen, als jemanden, der sein Ohr am Puls der Zeit hatte, Strömungen aufgriff und seinerseits kulturelle und politische Impulse gab.

Keine Rückkehr ins Paradies

Rousseau, der aus Genf stammte, schrieb viel, doch man verbindet heute mit seinem Namen in erster Linie eine Aussage, die nicht einmal von ihm stammte, sondern die plakative Wiedergabe einer seiner politisch-gesellschaftlichen Forderungen war. „Zurück zur Natur" war auch nicht, wie es heute mancher sieht, ein Plädoyer für die Rückkehr zu einem paradiesischen Urzustand. Auch als Vordenker moderner Ökologie-Bewegungen kann man ihn nicht vereinnahmen. Er machte sich keine Illusionen: Der Naturzustand „ist ein Zustand, der nicht mehr existiert, der vielleicht nie existiert hat, der wahrscheinlich nie existieren wird."

Missstände der Zeit

Vielmehr handelte es sich bei Rousseaus Forderungen um eine Gesellschaftskritik, die Missstände der damaligen Zeit aufs Korn nahm: Dekadenz, Überzivilisierung, Übertechnisierung. Formuliert hat er seine Kritik in zwei großen, sehr unterschiedlichen Werken. In *Émile ou De l'éducation* (*Émile oder Über die Erziehung*), einem umfangreichen Erziehungsroman, zeichnet er das Bild eines Jungen, der frei von sozialen Zwängen, ungebunden und fröhlich auf dem Lande aufwächst – die erste kindgerechte, „natürliche" Pädagogik. In der staatstheoretischen Schrift *Du contrat social (Vom Gesellschaftsvertrag)* zieht er die Konsequenzen aus seiner Auffassung, wonach der Mensch frei geboren sei, doch überall in Ketten liege. Er verbindet diese Meinung mit der Forderung, eine Gesellschaft zu entwickeln, in der alle die gleichen Rechte und Pflichten haben.

Rousseau genießt die Schönheit der Schweiz – Stich von 1787.

Rousseau kritisierte die gesellschaftlichen und politischen Zustände seiner Zeit und sprach sich philosophisch und literarisch für Reformen aus. Mit der Aussage „Zurück zur Natur“ wurde eine seiner Forderungen komprimiert wiedergegeben.

Für diese Ansichten erntete Rousseau viel Kritik, seine Schriften galten als umstürzlerisch. Doch seine Ideen haben die Zeiten überdauert und spielen bis heute in vielen gesellschaftspolitischen Diskussionen eine wichtige Rolle.

IMMANUEL KANT (1724 – 1804)

Mut zur Vernunft

Zu seiner Zeit war der Mann aus Königsberg der ungekrönte König der deutschen Philosophie. Die kreative Atmosphäre der Stadt und das weltoffene Flair trugen neben vielfältigen wissenschaftlichen Kontakten wesentlich dazu bei, dass Kant unter den zeitgenössischen Philosophen zur führenden Persönlichkeit avancierte.

Vernunft und Verstand

Eine seiner größten Leistungen besteht darin, dass er der Aufklärung, die eine wahre Revolution des Denkens bedeutete, inhaltlich und begrifflich wichtige Impulse lieferte. Zentrale Rollen spielen dabei die Kategorien Vernunft und Verstand. Kant war bekannt für seine aus heutiger Sicht recht langatmigen Ausführungen mit schwierigen Satzkonstruktionen. Doch eine zentrale Botschaft bestand gerade einmal aus zwei Worten: *Sapere aude*. Dabei handelt es sich um eine Anleihe bei dem römischen Dichter Horaz. Aus den zwei Wörtern im Lateinischen werden in der deutschen Übersetzung acht: „Habe Mut, dich deines eigenen Verstandes zu bedienen."

Klare Botschaft

Der eigene Verstand und nicht die intellektuelle Fremdbestimmung soll jedes Leben bestimmen. Dafür ist Mut nötig, denn jahrhundertelang waren es staatliche und kirchliche Autoritäten, die den Menschen lenkten.

Was ist Aufklärung?

Das war geradezu das Leitmotiv der Aufklärung. Kant formuliert es in einem Artikel mit dem Titel: *Beantwortung der Frage: Was ist Aufklärung?* Darin liefert er auch die klassische, bis heute viel zitierte Definition: „Aufklärung ist der Ausgang des Menschen aus seiner selbst verschuldeten Unmündigkeit. Unmündigkeit ist das Unvermögen, sich seines Verstandes ohne Leitung eines anderen zu bedienen. Selbstverschuldet ist diese Unmündigkeit, wenn die Ursache derselben nicht am Mangel des Verstandes, sondern der Entschließung und des Mutes liegt."

Immanuel Kant arbeitete immer äußerst diszipliniert an seinen umfangreichen Schriften.

Kant ist einer der wichtigsten Vertreter der Aufklärung. Die Menschen sollen den Mut haben, gegenüber Autoritäten wie Staat und Kirche den Verstand und die Vernunft walten zu lassen.

Kant-Denkmal in Kaliningrad, dem ehemaligen Königsberg.

IMMANUEL KANT (1724 – 1804)

Kritik der reinen Vernunft

Die *Kritik der reinen Vernunft*, 1781 erschienen, ist eine der grundlegenden Schriften zur Erkenntnistheorie. Schopenhauer adelte das schwer zu lesende Buch später mit den Worten: „das wichtigste Buch, das jemals in Europa geschrieben worden [ist]".

Was kann der Mensch wissen?

Über die Frage „Was kann der Mensch wissen?" hatten schon Empiristen und Rationalisten gestritten. Kant bietet in seinem Werk einen Weg der Mitte zwischen der Beobachtung und Sinneswahrnehmung der Empiristen und der Logik und Vernunft der Rationalisten. Es ist eine klassische Synthese, in der aus These und Antithese etwas Neues entsteht. „Gedanken ohne Inhalt sind leer, Anschauungen ohne Begriffe sind blind", sagt Kant.

Objekt und Subjekt

Hinsichtlich der Methoden der Empiristen und der Rationalisten nimmt Kant einen Tausch zwischen betrachtendem Subjekt und betrachtetem Objekt vor. Die menschliche Erkenntnis, so die Kernaussage, wird nicht mehr durch das Objekt der Betrachtung, sondern durch das erkennende Subjekt bestimmt. Der Mensch gewinnt keinen Zugang zum „Ding an sich", sondern kann die Dinge nur so beurteilen, wie sie ihm erscheinen.

> Handle so, dass die Maxime deines Willens jederzeit zugleich als Prinzip einer allgemeinen Gesetzgebung gelten könne.
>
> Der kategorische Imperativ

Transzendentalphilosophie

Diese Erkenntnislehre wird als Transzendentalphilosophie bezeichnet (das zugehörige lateinische Verb *transcendere* bedeutet „überschreiten", „übertreten"), weil Kant die Erkenntnisfrage auf eine neue Ebene hebt.
Wer sich durch die „Kritik der reinen Vernunft" gekämpft hatte, wusste jetzt: Begriffe, für die es keine Anschauung gibt, können nur gedacht, nicht erkannt werden (Gott, die Seele, die Moral).

Geregelter Tagesablauf

Im Alltag war Kant ein Pedant. Insbesondere hatte er einen Pünktlichkeitswahn. Jeden Tag ließ er sich um 4.45 Uhr wecken. Nach dem Frühstück – zwei Tassen Tee und eine Pfeife – begann um 7 Uhr ein zweistündiger Unterricht. Danach wurde bis 12.45 Uhr nachgedacht, dann gegessen, danach gelesen, ein Spaziergang unternommen, studiert. Um 22 Uhr lag er im Bett.

In seiner Transzendentalphilosophie führt Kant die Lehren der Empiristen und Rationalisten zu einer neuen Synthese zusammen. Entscheidend ist nicht mehr das erkannte Objekt, sondern das erkennende Subjekt. Das „Ding an sich" bleibt dem Menschen verborgen.

JOHANN GOTTLIEB FICHTE (1762 – 1814)

Praktischer Idealismus

Johann Gottlieb Fichte war nicht nur philosophisch tätig, sondern übte auch ein Amt aus. Er gehörte zu den Gründern der Berliner Universität und war ihr erster Rektor. In das Amt wurde er 1810, vier Jahre vor seinem Tod, gewählt. Zuvor war er Professor in Jena, Berlin, Erlangen und der Kant-Stadt Königsberg.

Die Wissenschaftslehre

Fichte war ein Anhänger Kants, ging philosophisch aber eigene Wege. Er gehörte zu der Gruppe der Idealisten, die sich im Anschluss an Kant, aber auch in Abgrenzung von dessen Lehren mit dem Verhältnis zwischen der Wirklichkeit und dem erkennenden Subjekt befassten. Die Vertreter des „Deutschen Idealismus" bestritten die Existenz einer vom Geistigen unabhängigen, realen Welt und bezogen in dieser Weise Position in einer Frage, die bereits griechische Philosophen wie Platon thematisiert hatten.

Fichtes Erstlingswerk *Versuch einer Kritik aller Offenbarung* erschien 1792 zunächst anonym – ein Marketing-Trick seines Verlegers, denn alle Welt dachte, es handle sich um ein neues Werk von Immanuel Kant.

Im Mittelpunkt von Fichtes Wirken steht die „Wissenschaftslehre". Der Begriff ist für ihn ein Synonym für „Philosophie". Sein 1794 veröffentlichtes Hauptwerk trägt den Titel *Grundlage der gesamten Wissenschaftslehre*. Der überaus ambitionierte Titel zeigt bereits an, dass es Fichte darauf ankam, sämtliche Wissensgebiete wie auch die gesamte Struktur des Bewusstseins auf einen einzigen Grundgedanken zurückzuführen. Diesen sieht er im „Ich" gegeben, worunter er nicht das Individuum an sich, sondern das Selbstbewusstsein versteht.

Innovative Methode

Auch methodisch setzte er Maßstäbe, indem er mit den Faktoren These – Antithese – Synthese, mit denen implizit auch Kant

Im Winter 1807/1808 hielt Fichte die Vorlesungen, die die Basis für seine Schrift *Reden an die deutsche Nation* bildeten.

bereits gearbeitet hatte, das Fundament für das später von Hegel weiterentwickelte Verfahren der Dialektik legte.

Fichte war politisch engagiert, sympathisierte mit den Zielen und Idealen der Französischen Revolution. In den *Reden an die deutsche Nation* plädierte er nach den Kriegen gegen Napoleon für die Einrichtung eines deutschen Nationalstaates.

Fichte ist ein bedeutender Vertreter des Deutschen Idealismus. Ihm kam es darauf an, sämtliche Wissensgebiete auf einen Grundgedanken zurückzuführen.

FRIEDRICH WILHELM JOSEPH SCHELLING (1775 – 1854)

Natur und Geist

Der Pfarrerssohn aus dem schwäbischen Leonberg war nach Fichte die zweite führende Persönlichkeit des Deutschen Idealismus. Er war Professor in Jena und Würzburg, später Generalsekretär der Akademie der Bildenden Künste in München. Zuletzt lehrte er in Erlangen und in Berlin. In der preußischen Metropole trat er die akademische Nachfolge Hegels an.

Wandlungen und Entwicklungen

Schellings Philosophie war keine Philosophie aus einem Guss. Im Gegenteil: In seinem philosophischen Denken gab es viele Wandlungen und Entwicklungen. Suchend und fragend entdeckte er seine Anschauungen und Überzeugungen.

In seinen Frühwerken *Über die Möglichkeit einer Form der Philosophie überhaupt* (1794) und *Vom Ich als Prinzip der Philosophie* (1795) war er noch den Lehren Fichtes verpflichtet. Im Weiteren ist die Frage nach dem Verhältnis zwischen Natur und Geist Kernpunkt seines Forschens und Denkens. Dementsprechend lässt sich Schellings Philosophie in eine Naturphilosophie und eine Transzendentalphilosophie einteilen. Deren gemeinsame Grundlagen führte er in seinem Hauptwerk *Darstellung meines Systems der Philosophie* (1801) aus.

Ein neues Jahrhundert mit Goethe

Enge Beziehungen pflegte Schelling zu seinem Freund und Gönner Goethe. Dem Dichterfürsten verdankte er die Berufung nach Jena. Häufig war Schelling Gast in Goethes Haus am Frauenplan in Weimar, so auch – eine besondere Ehre – beim Jahreswechsel 1800/1801.

Natur und Geschichte

Der im Urzustand noch absolute Geist teilt sich, so lehrte er, in Natur und Geschichte auf, die aber – wegen des gemeinsamen Ursprungs – weiter eine Einheit bilden: „Die Natur soll der sichtbare Geist, der Geist die unsichtbare Natur sein“, formuliert er

Im Zentrum von Schellings Philosophie steht die Frage nach dem Verhältnis von Natur und Geist. Aufgrund ihres gemeinsamen Ursprungs im Absoluten bilden sie für ihn eine Einheit.

einen seiner zentralen Lehrsätze. Dieses Identitätssystem stellt Schelling in seinem Werk *Philosophische Untersuchungen über das Wesen der menschlichen Freiheit* vor, das 1809 erschien.

In seinem Spätwerk schlägt Schelling wieder eine neue Richtung ein. Die *Philosophie der Mythologie* (1842) und die *Philosophie der Offenbarung* (1841 – 1842) bewegen sich zwischen den Polen Theologie und Metaphysik.

GEORG WILHELM FRIEDRICH HEGEL (1770 – 1831)

Phänomenologie des Geistes

Geboren in Stuttgart, erhielt Hegel nach Stationen als Hauslehrer, Gymnasialdirektor und an diversen Universitäten 1818 eine Professur in Berlin, die er bis zu seinem Tod bekleidete. Er gehört zu den wichtigsten Vertretern des Deutschen Idealismus und beeinflusste u. a. Martin Heidegger und Jean-Paul Sartre.

Nach Absolutem sinnen

Bescheiden war der äußerlich eher unscheinbare Schwabe nicht. Hegel wollte alles wissen. „Absolutes Wissen“ strebte er zu erreichen und zu vermitteln an, anders als Kant, der die Grenzen des Wissens und Erkennens aufgezeigt hatte. Aber Hegel war überzeugt: Es gibt in allen Bereichen die Einheit von Denken und Sein. Und mit dieser Überzeugung machte sich der Professor daran, die Welt zu erklären. Dabei ist es schon eine große Aufgabe, Hegel selbst zu erklären. 1963 leistete Theodor W. Adorno in einer berühmten Vorlesung an der Universität Frankfurt Interpretationshilfe, wie Hegel zu lesen sei – und bewies mit seinen Einschätzungen, dass jede Zeit ihren „eigenen Hegel“ hat.

> Die Geschichte hat noch nie etwas anderes gelehrt, als dass die Menschen nichts aus ihr gelernt haben.

Geist als Prinzip

Für Hegel ist der Geist das bestimmende Prinzip. Dieses Dogma kleidet er in die Worte: „Das Geistige allein ist das Wirkliche.“ Ganz im Sinne des Idealismus, aber noch radikaler als bei den anderen Idealisten ist Philosophie für ihn die systematische Wissenschaft von der universalen Entfaltung des absoluten Geistes. Mit dem Weltgeist erklärt Hegel auch die Entwicklung aller politischen Geschichte.

1806 kam es in Jena zu einer zufälligen Begegnung von Hegel und Napoleon (Illustration von 1895).

Hegel war auch ein politischer Mensch. Die Freiheit gehörte zu seinen obersten Maximen, jedoch nicht als uneingeschränkte Freiheit. Frei sei nur, wer vernünftig handele. Weltgeschichte deutete er als „Fortschritt im Bewusstsein der Freiheit".

Phänomenologie des Geistes

Viele von Hegels Werken sind Klassiker der Philosophie, allen voran die *Phänomenologie des Geistes* von 1807. Phänomenologie heißt „Erscheinung"; der programmatische Titel bedeutet also so viel wie „Die Wissenschaft des erscheinenden Bewusstseins". Zu seinen wichtigsten Schriften gehören ferner die *Wissenschaft der Logik* (1812 – 1816) und die *Vorlesungen über die Ästhetik* (posthum 1835).

Hegel strebte, über den Idealismus weit hinausgehend, nach absolutem Wissen. Der Geist sei das bestimmende Prinzip, das einzig Wirkliche.

Hegels Vorlesungen waren für seine Studenten nicht nur inhaltlich schwer zu verstehen.

GEORG WILHELM FRIEDRICH HEGEL (1770 – 1831)

Das Prinzip Dialektik

Nicht nur in inhaltlicher Hinsicht bedeuteten Hegels Lehren einen Meilenstein in der Geschichte der Philosophie. Auch mit seiner Methodik gab er wesentliche Impulse. Charakteristisch war für ihn die Dialektik.

Dialektik bei Platon und Kant

Der Begriff Dialektik zählte schon bei den antiken Philosophen zum sprachlichen Inventar bei der Suche nach Wahrheit und Erkenntnis. Wörtlich bedeutet Dialektik „ein Gespräch führen" (von griechisch *dia* = „durch" und *legein* = „sprechen").

Bei Platon, bei dem der Begriff zum ersten Mal auftaucht, dient das Gesprächsformat Dialog dazu, durch Rede und Gegenrede zur Erkenntnis zu gelangen. Daneben fungierte der Begriff Dialektik auch lange Zeit als Bezeichnung für die formale Logik (ein Verfahren, das überprüfen soll, ob sich Schlussfolgerungen logisch aus den sie voraussetzenden Aussagen ergeben). Kant war von der Dialektik nicht begeistert, er degradierte sie zu einer „Logik des Scheins".

Für Hegel war sie dagegen umso wichtiger, geradezu der Schlüssel zum Erwerb des absoluten Wissens, dem Ziel allen Philosophierens.

These – Antithese – Synthese

Dialektik ist bei Hegel das Instrument, einen Gegensatz als Gegensatz und gleichzeitig als Einheit zu fassen. Dabei arbeitet er mit den zentralen Begriffen These – Antithese – Synthese. These und Antithese sind zwei sich widersprechende Aussagen zu ein und demselben Sachverhalt. Aus dem Widerspruch entsteht auf einer höheren Ebene die These und Antithese aufhebende Synthese. Aus der „Negation der Negation", das heißt der Negation der negierenden Antithese, ergibt sich eine neue These, die – in einem dynamischen Prozess – ihrerseits negiert wird, bis am Ende die kontinuierliche Dialektik zu ihrer Vollendung im absoluten Wissen führt.

Aufpassen im Hörsaal

Hegel war ein brillanter Denker, jedoch kein begnadeter Redner. Seinen Vorlesungen zu lauschen, war für das Auditorium kein pures Vergnügen, wie Aufzeichnungen eines Schülers in Berlin zeigen. Ständiges Räuspern und Husten störten den Redefluss, und der breite schwäbische Dialekt war für viele Hörer im Herzen Preußens schlichtweg unverständlich.

Das zentrale Prinzip der Dialektik führt nach Hegel in einem dynamischen Prozess zu absolutem Wissen. Aus These und Antithese entsteht auf einer höheren Ebene die Synthese.

Mit Jean-Jacques Rousseau verbinden viele die Aussage „Zurück zur Natur!“. Selbst geäußert hat er diesen Satz aber nie (kolorierte Radierung, 19. Jh.).

Aufklärung & Idealismus

1 Für welches Herrschaftssystem lieferte Thomas Hobbes die philosophische Grundlage?

- ☐ Demokratie
- ☐ Aristokratie
- ☐ Absolutismus
- ☐ Sozialismus

2 René Descartes war nicht ausschließlich Philosoph, sondern auch …

- ☐ Richter
- ☐ Soldat
- ☐ Arzt
- ☐ Stallmeister

3 John Locke zufolge muss eine Regierung vorrangig Folgendes bezwecken:

- ☐ Den Erhalt von Macht
- ☐ Die Anhäufung von Reichtum
- ☐ Die Gewährleistung von Handel
- ☐ Das Wohl der Menschen

4 Wo wurde im Jahr 1632 Baruch de Spinoza geboren?

- ☐ Brüssel
- ☐ Mailand
- ☐ Amsterdam
- ☐ Antwerpen

5 Wie lauten die beiden Vornamen von Leibniz?

- ☐ Gottfried Wilhelm
- ☐ Gottfried Johann
- ☐ Friedrich Wilhelm
- ☐ Johann Friedrich

6 In welchem Jahr erschien Kants *Kritik der reinen Vernunft*?

- ☐ 1718
- ☐ 1781
- ☐ 1817
- ☐ 1871

7 Welcher bekannte Philosoph war Mitgründer und erster Rektor der Berliner Universität?

- ☐ Georg Wilhelm Friedrich Hegel
- ☐ Arthur Schopenhauer
- ☐ Friedrich Wilhelm Joseph Schelling
- ☐ Johann Gottlieb Fichte

8 Bei welchem deutschen Dichter war Friedrich Wilhelm Joseph Schelling am Silvesterabend 1800 zu Gast?

- ☐ Friedrich Schiller
- ☐ Johann Wolfgang von Goethe
- ☐ Friedrich Hölderlin
- ☐ Jean Paul

Simone de Beauvoir, hier im Hotel Louisiane in Paris, war zeit ihres Lebens eine Vorkämpferin für die Rechte der Frauen (Foto von 1945).

Neuzeit & Gegenwart

ARTHUR SCHOPENHAUER (1788 – 1860)

Alles Leben ist Leid und Religion

Arthur Schopenhauer war der Hauptvertreter der im 19. Jh. vor allem in Deutschland verbreiteten Philosophie des Pessimismus. Nach Studium und Promotion in Naturwissenschaften und Philosophie war der gebürtige Danziger als Privatdozent in Berlin und bis zu seinem Tod als Privatgelehrter in Frankfurt/Main tätig.

Gegen den Strom

Seine negative Einstellung zur Welt und zum Sein entsprang aber keiner grundsätzlich pessimistischen Lebenseinstellung, sondern war das Ergebnis einer bis in die Antike zurückreichenden Philosophie, die zugleich von fernöstlichen Weisheitslehren wie dem Buddhismus beeinflusst war. Auch stand er in der Tradition Kants und der Idealisten.

Und doch beschritt er, ein Querkopf, der sich nicht scheute, gegen den philosophischen Mainstream zu schwimmen, ganz eigene Wege. Mit manchen Kollegen ging er hart und schonungslos ins Gericht. Der „besten aller möglichen Welten" eines Leibniz setzte er „die schlechteste aller möglichen Welten" entgegen. Hegel nannte er einen „platten, geistlosen, unwissenden Scharlatan."

Überzeugter Pessimist

Mit seinem Pessimismus hatte es Schopenhauer schwer, eine treue Anhängerschar zu gewinnen. Doch fand er auch Zustimmung. Zu seinen Bewunderern zählten u. a. Friedrich Nietzsche, Richard Wagner, Albert Einstein, Thomas Mann, Kurt Tucholsky und Wilhelm Busch.

Alles Leben ist Leid

1819 erschien sein zweibändiges Hauptwerk *Die Welt als Wille und Vorstellung*, in dem er seine grundlegenden Gedanken ausführte, das aber erst in den 1840er-Jahren größere Beachtung fand. Wie die Ide-

Porträtaufnahme Arthur Schopenhauers von 1859.

alisten hält Schopenhauer die Welt für eine subjektive Vorstellung. Für ihn ist der Wille das, was den Menschen antreibt. Er entsteht aus Bedürfnis und Mangel, damit aus Leiden, und hat kein Ziel. Schopenhauer spricht vom Willen als dem „blinden, ziellosen Drang zu leben". Sein Pessimismus gipfelt in der Feststellung „Alles Leben ist Leid" – es pendelt zwischen Schmerz und Langeweile. Diese Einstellung pflegte Schopenhauer in der Öffentlichkeit durch einen demonstrativ grimmigen Gesichtsausdruck zu unterstreichen.

Schopenhauer ist einer der wichtigsten Vertreter eines philosophisch begründeten Pessimismus. Der ziellose Wille des Menschen führe zu einem Leben in Leid, Schmerz und Langeweile.

Die Schriften von Marx und Engels haben die Welt verändert (Illustration von 1961).

KARL MARX (1818 – 1883)
FRIEDRICH ENGELS (1820 – 1895)

„Proletarier aller Länder, vereinigt euch!“

Es kommt nicht oft vor, dass philosophische Lehren die Welt verändern. Das war bei der Aufklärung der Fall und wiederholte sich bei der Philosophie, die Karl Marx (von Haus aus Journalist) und Friedrich Engels (von Haus aus Textilunternehmer) entwickelten. Sie wurde zur Grundlage politischer Systeme, versehen mit den Etiketten Marxismus, Sozialismus und Kommunismus.

Bourgeoisie gegen Proletarier

Marx und Engels trafen sich 1844 in Paris und beschlossen, künftig gemeinsam zu arbeiten und vor dem Hintergrund der industriellen Revolution in Europa eine neue Gesellschafts- und Wirtschaftstheorie zu entwickeln. 1848 veröffentlichten sie das *Manifest der Kommunistischen Partei*. Kämpferisch präsentieren sie darin ihre Sicht von der ungerechten Verteilung der Produktionsmittel. Es gibt auf der einen Seite die Besitzenden, die „Bourgeoisie“, auf der anderen die für Hungerlöhne arbeitenden „Proletarier“, die nichts besitzen als ihre Arbeitskraft. Das Manifest endet mit fulminanten Sätzen: „Mögen die herrschenden Klassen vor einer kommunistischen Revolution zittern. Die Proletarier haben nichts in ihr zu verlieren als ihre Ketten. Sie haben eine Welt zu gewinnen: Proletarier aller Länder, vereinigt euch!“

Wie Geschichte verläuft

Die Geschichte sehen Marx und Engels als eine Abfolge von Klassenkämpfen zwischen der Bourgeoisie und den Proletariern. Daraus leiten sie ein festes Schema vom Ablauf der Epochen ab. Der Sklavenhaltergesellschaft der Antike folgt die Feudalgesellschaft des Mittelalters. Ihre eigene Zeit bezeichnen sie als die Ära des bürgerlichen Kapitalismus. Über den Sozialismus werde – so sahen sie es – die klassenlose kommunistische Gesellschaft als Endziel der Entwicklung eintreten.

1867 erschien – ohne Beteiligung von Engels – *Das Kapital. Kritik der politischen Ökonomie* mit einer genauen Analyse der kapitalistischen Produktionsverhältnisse. Der Arbeiter verkauft sein einziges Kapital – die Arbeitskraft. Der Unternehmer macht den Gewinn, weil der Wert der Ware höher ist als der Wert der dafür nötigen Arbeitskraft und Produktionsmittel (Rohstoffe, Energiekosten usw.).

Für Marx und Engels ist der Kapitalismus Klassenkampf. Sie rufen die Proletarier zum gemeinsamen Widerstand und zur Revolution auf.

Das Karl-Marx-Monument in Chemnitz (errichtet 1971) ist ein eindrucksvolles Beispiel der Karl-Marx-Verehrung im früheren Ostblock.

KARL MARX (1818 – 1883)
FRIEDRICH ENGELS (1820 – 1895)

Historischer Materialismus

Marx und Engels gelten in der Philosophie als die Begründer des „historischen Materialismus". Dabei handelt es sich um eine materialistische bzw. ökonomische Geschichtsauffassung. Die Geschichte der Menschheit, so ihre Doktrin, wird von den Produktionsverhältnissen bestimmt, am Ende steht der Kommunismus, der mit seiner klassenlosen Gesellschaft allen Menschen gleiche Lebensbedingungen und den gleichen Anteil an den Produktionsmitteln bietet.

Das Sein bestimmt das Bewusstsein

Wichtig ist in dieser Lehre die Unterscheidung von Basis und Überbau. Philosophie, Religion und Recht bilden den Überbau, die sozioökonomischen – d. h. die gesellschaftlichen und wirtschaftlichen – Faktoren die Basis. Daraus wird die Schlussfolgerung gezogen: Nicht das Bewusstsein bestimmt das Sein, sondern das Sein das Bewusstsein. Mit dem Sein sind hier die jeweiligen Lebensverhältnisse der Individuen gemeint, die objektive Realität, im Gegensatz zum Bewusstsein, der Denkweise der Menschen.

Vom Kopf auf die Füße

Mit dem historischen Materialismus unmittelbar verbunden ist der dialektische Materialismus. Die Einheit der Welt ist, so die Lehre von Marx und Engels, in der ewigen und unvergänglichen Materie begründet. Sie gründet auf der Methode der Dialektik, die dazu dient, durch das Denken in Widersprüchen die Welt auf materieller Grundlage zu erklären. Die Dialektik im hegelschen Sinn wird, wie es Engels formuliert hat, „vom Kopf auf die Füße gestellt". Es sind die materiellen Dinge, nicht absolute Ideen, die zur Erklärung der Welt dienen.

Karl-Marx-Kult

In den kommunistischen Staaten des ehemaligen Ostblocks gab es einen regelrechten Marx-Kult. Nach ihm wurden Städte benannt (z. B. wurde in der DDR Chemnitz in Karl-Marx-Stadt umbenannt), Straßen, Plätze, Betriebe, Schulen, Universitäten. In seiner Heimatstadt Trier ist Karl Marx bis heute präsent. Man kann sein Geburtshaus besichtigen und seit 2018 auch ein zu seinem 200. Geburtstag enthülltes Denkmal bestaunen, das der Stadt von der Volksrepublik China geschenkt wurde.

Die Philosophie von Marx und Engels beruht auf dem historischen und dialektischen Materialismus. Eine zentrale Aussage lautet: Das Sein bestimmt das Bewusstsein.

FRIEDRICH NIETZSCHE (1844 – 1900)

Radikale Umdeutung aller Werte

Von Haus aus war Friedrich Nietzsche klassischer Philologe, und so kannte er sich exzellent in der antiken Literatur und auch bei den alten griechischen Philosophen aus. Mit nur 24 Jahren erhielt er an der Universität Basel eine Professur, die er aber bereits nach zehn Jahren wegen physischer und psychischer Probleme niederlegen musste. Die letzten Jahre seines Lebens verbrachte er in geistiger Umnachtung.

Wille zur Macht

Im Anschluss an Schopenhauer betont Nietzsche den Vorrang des Willens vor dem Intellekt. Leben besteht für ihn aus dem Willen zur Macht. Der Gedanke der „ewigen Wiederkunft" bezieht sich auf seine Überzeugung, dass sich alle Ereignisse dauerhaft und ewig wiederholen. Er entwickelte allerdings kein systematisches philosophisches Gebäude. Berühmt wurde sein Werk *Die Geburt der Tragödie aus dem Geiste der Musik* (1872) mit einer neuen, pessimistischen Deutung der bis dahin so viel bewunderten griechischen Kultur.

> „Ich bin das furchtbarste Dynamit, das es gibt.

Der Übermensch

In *Vom Nutzen und Nachteil der Historie für das Leben* (1874) plädiert er für eine Kultur des Vergessens, weil die Geschichte für das Leben zur Last werden kann. *Also sprach Zarathustra* (1883 – 85) handelt von dem altpersischen Religionsstifter Zarathustra, der sich nach langem Dasein als Eremit entschließt, seine Weisheiten mit den Menschen zu teilen. Hier legt Nietzsche seine umstrittene Konzeption vom „Übermenschen" vor, eines Menschen, der weiter und höher entwickelt sei als der Normalmensch.

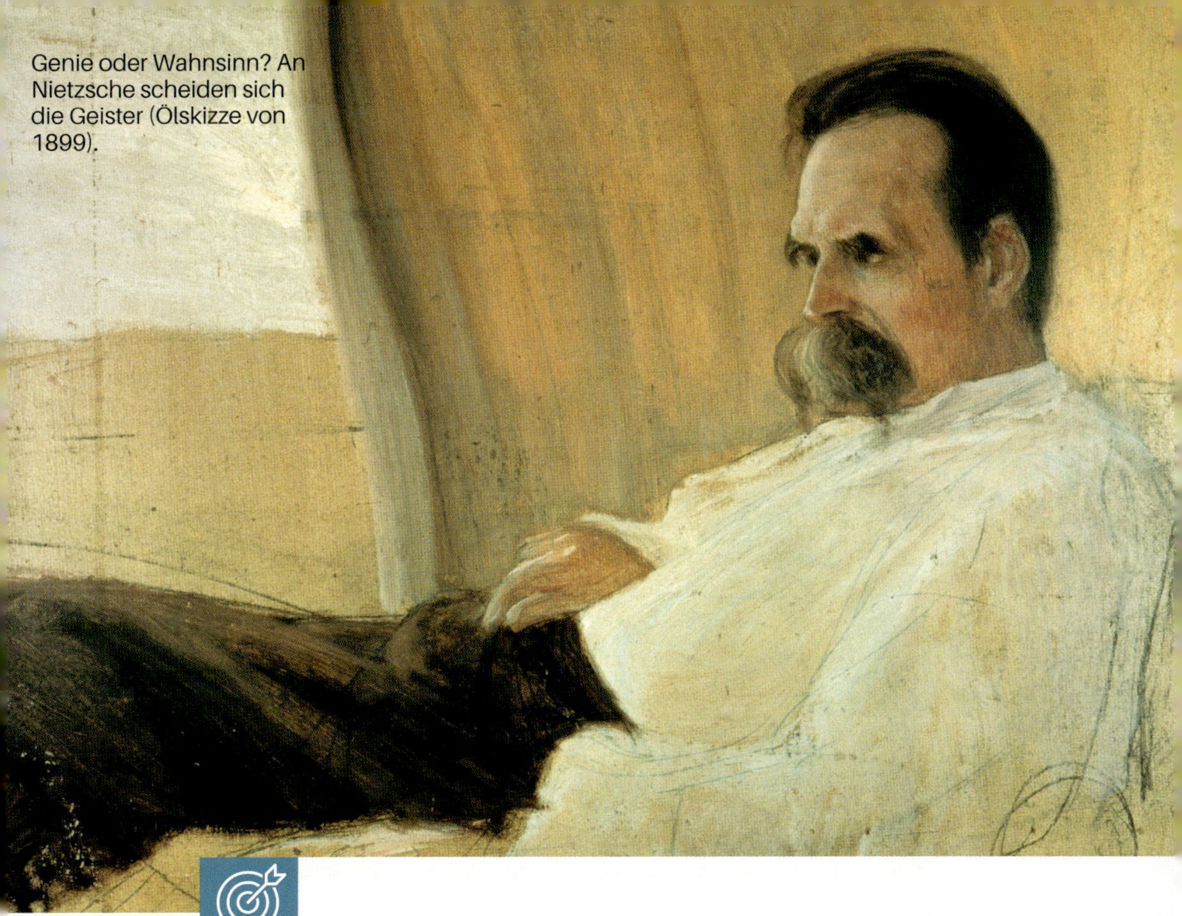

Genie oder Wahnsinn? An Nietzsche scheiden sich die Geister (Ölskizze von 1899).

Für Nietzsche hat der Wille Vorrang vor dem Intellekt. Daraus entwickelte er die Theorie vom Willen zur Macht. Zentral ist auch seine Vorstellung vom Übermenschen.

Moderne Bewertungen

An Nietzsche scheiden sich bis heute die Geister. Die einen halten seine Philosophie für genial, andere sehen den Wahnsinn am Werk. Formulierungen und Gedanken wie der „Wille zur Macht" oder „Übermensch" wurden Teil der nationalsozialistischen Ideologie. Doch wird in der heutigen Nietzsche-Rezeption auch das Produktive hervorgehoben: Nietzsche war ein Denker, der immer kreativ und innovativ blieb und das Leben in den Mittelpunkt stellte.

LUDWIG WITTGENSTEIN (1889 – 1951)

Die Macht der Sprache

An Selbstbewusstsein mangelte es dem jungen Wittgenstein nicht. Der gebürtige Wiener war gerade einmal 32 Jahre alt, als er 1921 eine Schrift mit dem Titel *Tractatus logico-philosophicus* veröffentlichte. Er habe, so ließ er damals verlauten, so ziemlich alle Probleme der Philosophie definitiv gelöst.

Weitere Werke

Offenbar war dies aber doch nicht ganz der Fall, denn der Gelehrte, der später an der ruhmreichen Universität von Cambridge tätig war (wo er auch studiert hatte), schrieb noch eine ganze Reihe weiterer Abhandlungen, die ihn – seiner Selbsteinschätzung entsprechend – zu einem der einflussreichsten Philosophen des 20. Jhs. machten: Die *Philosophischen Untersuchungen*, die *Philosophische Grammatik*, *Das Blaue Buch* und die *Philosophischen Bemerkungen*. Sie alle wurden jedoch erst nach Wittgensteins Tod veröffentlicht.

Bedeutung der Sprache

Wittgenstein wies der Philosophie neue Wege, indem er einen Zusammenhang zwischen Sprache, Denken und Wirklichkeit herstellte. Dabei kommt der Sprache die wichtigste Funktion zu. Als wirklich definiert Wittgenstein nur das, was auch sprachlich dargestellt werden kann.

Seine Philosophie ist nicht aus einem Guss, im Laufe seiner Forschungen änderte er seine Ansichten. Im *Tractatus* geht er noch davon aus, dass die Sprache ein Spiegelbild der Logik sei. Operiert er hier mit der Vorstellung einer logisch erschließbaren „idealen“ Sprache, so rückt er später in den *Philosophischen Untersuchungen* davon ab. Nun interessiert ihn die „wirkliche“ Sprache, die darüber entscheidet, was real ist. Die Konsequenz: Die Bedeutung der Sprache lässt sich für Wittgenstein nun nur noch aus ihrer Praxis erschließen: „Die Bedeutung eines Wortes ist sein Gebrauch in der Sprache“, sagt er.

Wittgenstein stellte die Sprache ins Zentrum seiner philosophischen Gedanken (Aufnahme von 1930).

Vom Theoretiker zum Praktiker

So wandelte sich Wittgenstein vom Theoretiker zum Praktiker. Philosophie war für ihn nichts Abstraktes, sondern etwas, was nah am Leben ist. Und daher gibt er auch die ganz praktische Empfehlung, nicht lange darüber nachzudenken, was gut oder gerecht ist, sondern einfach zu beobachten, wie sich ein guter oder gerechter Mensch verhält.

Wittgenstein analysiert den Zusammenhang von Sprache, Denken und Wirklichkeit. Die Sprache ist ihm zufolge das, was Wirklichkeit herstellt.

Der Satz „Alle Schwäne sind weiß“ gilt nur, bis man einen andersfarbigen findet.

KARL POPPER (1902 – 1994)

Falsch ist richtig

Eine uralte Frage lautet: Wie gelangt der Mensch zu wissenschaftlichen Erkenntnissen? Eine beliebte Antwort lautet: durch Verifizierung. Das bedeutet, eine These, Aussage oder Behauptung wird daraufhin überprüft, ob sie wahr und richtig ist. Karl Popper wählte den gegenteiligen Weg.

Weiße und schwarze Schwäne

Der renommierte britische Gelehrte mit österreichischen Wurzeln konstatierte: Sachverhalte lassen sich auf ihre Richtigkeit nur mit der Methode der Falsifizierung überprüfen. Das heißt: Es geht nicht, wie bei der Verifizierung, darum, etwas als richtig zu beweisen, sondern umgekehrt darum zu zeigen, dass eine Aussage falsch ist.

Klassisch ist das Schwan-Beispiel. Man kann die Behauptung aufstellen: „Alle Schwäne sind weiß.“ Dieser Satz gilt so lange, wie man keinen schwarzen Schwan entdeckt. Deshalb sind für Popper empirische, also aus Erfahrung und Gewohnheit gewonnene Erkenntnisse nur vorläufig wahr. Sie haben nur so lange Gültigkeit, wie man sie nicht falsifizieren kann.

Mit dieser Methode wurde Karl Popper zu einem der Hauptvertreter des kritischen Rationalismus, der sich vom historischen Determinismus, der Lehre, dass alle Dinge vorbestimmt sind, absetzte. So lehnt er auch das Prinzip der Induktion ab, also die Methode, bei wissenschaftlichen Fragestellungen vom Speziellen zum Allgemeinen vorzudringen. Vielmehr favorisiert er die Deduktion, bei welcher der Erkenntnisprozess vom Allgemeinen zum Speziellen verläuft.

Wittgenstein falsifiziert ein Klischee

Philosophen sind seriöse, friedfertige Menschen. Ist das wahr? Oder muss diese Behauptung falsifiziert werden? Poppers Kollege Ludwig Wittgenstein neigte jedenfalls zu cholerischen Anfällen. Das hätte Popper beinahe schmerzhaft zu spüren bekommen, als ihn Wittgenstein bei einem akademischen Disput im Eifer des Gefechts mit einem Schürhaken bedrohte.

Sir Karl

Poppers wichtigstes Werk zum kritischen Rationalismus ist *Logik der Forschung* von 1934, in dem er das Prinzip der Falsifikation als Grundlage aller Theoriebildung darlegt. Der vielfach prämierte Philosoph wurde 1965 von Königin Elisabeth II. zum Ritter geschlagen.

Popper entwickelte die Theorie des kritischen Rationalismus. Der Methode der Verifizierung von Aussagen setzt er die Falsifikation entgegen.

Martin Heidegger bei einer Diskussion in Tübingen 1961.

EDMUND HUSSERL (1859 – 1938)
MARTIN HEIDEGGER (1889 – 1976)

Sein und Dasein

In der heutigen Umgangssprache gibt es das Wort „phänomenal". Man benutzt es, wenn man etwas ganz Bedeutendes, Sensationelles bezeichnen möchte. In der Philosophie sind „Phänomene", nach dem griechischen Wort für „Erscheinungen", etwas, das mit den Sinnen erfahrbar ist. Die Disziplin der Phänomenologie war eine der bedeutendsten Richtungen in der Philosophie des 20. Jhs.

Der Gedanke der Intentionalität

Prägende Protagonisten waren Edmund Husserl, Professor in Göttingen und Freiburg, sowie dessen Schüler Martin Heidegger, der Husserls Nachfolger auf dem Freiburger Lehrstuhl war und 1933, im Jahr der nationalsozialistischen Machtübernahme, Rektor dieser Universität wurde. Husserl stützt seine Philosophie der Phänomenologie auf den Begriff der Intentionalität. „Bewusstsein ist immer Bewusstsein von etwas", lehrt er, es kommt also nicht ohne einen Gegenstand des Denkens aus. In den *Ideen zu einer reinen Phänomenologie und phänomenologischen Philosophie* (1913) führt er aus, wie man durch die Phänomene zum Wesen der Dinge selbst durchdringt.

Edmund Husserl (Gemälde von Rudolf Stumpf).

Sein und Dasein

Heidegger veröffentlichte 1927 sein Hauptwerk *Sein und Zeit*, das in der philosophischen Fachwelt auf eine breite Resonanz stieß und den Weg für die Existenzphilosophie ebnete. Descartes' „Ich denke, also bin ich" ersetzt Heidegger durch das „Dasein" des Menschen. Es gibt das Seiende in der Welt und das von diesem zu unterscheidende „Sein" als dessen Ursache. Existieren heißt „Dasein", nicht „Sein". Wahrheit ist nicht objektivierbar. Wahrheit liegt nicht im Erkennen, sondern im Existieren. Der Mensch kann sich auf seine eigene Existenz besinnen. Er kennt seine Vergänglichkeit: Das „Dasein" ist ein „Sein zum Tod". Sorge, Angst, Gewissen und Schuld prägen das Verhältnis des Menschen zur Welt.

Heideggers dunkle Seite

Kritik erntete Heidegger in der Nachkriegszeit wegen seiner zeitweiligen Nähe zur Diktatur der Nationalsozialisten. Er erhielt bis zu seiner Emeritierung 1951 ein Lehrverbot. 2017 gab es eine kontroverse Debatte über die Beteiligung Heideggers an den Nürnberger Rassegesetzen.

Husserl und Heidegger sind die Begründer der philosophischen Phänomenologie. Sie stellten die Frage nach dem Sein und der Existenz auf eine neue Grundlage.

JEAN-PAUL SARTRE (1905 – 1980)

Radikale Freiheit – der Existenzialismus

Der Existenzialismus war eine vor allem in Frankreich populäre Strömung der Philosophie. Im Mittelpunkt dieses Denkens steht der Mensch an sich, nicht als phänomenologisches, denkendes Wesen, sondern in seinem konkreten Dasein, in seiner reinen Existenz.

Streitbarer Geist

Schon der deutsche Philosoph Karl Jaspers (1883 – 1969) hatte in einem viel gelesenen Werk mit dem schlichten Titel *Philosophie* (1932) die Richtung vorgegeben, indem er forderte, Philosophie müsse zur „Existenzerhellung" beitragen. Die französischen Existenzialisten nahmen diese Forderung auf und entwickelten sie weiter – allen voran Jean-Paul Sartre, einer der einflussreichsten Intellektuellen der Nachkriegszeit. Der gebürtige Pariser, ein streitbarer Geist, trat 1938 mit dem Roman *La nausée* (*Der Ekel*) an die Öffentlichkeit. Dieser Roman und die Abhandlung *L'être et le néant* (*Das Sein und das Nichts*) von 1943 sind die Hauptschriften des von Sartre repräsentierten Existenzialismus.

1964 verlieh die Schwedische Akademie in Stockholm Sartre den Nobelpreis für Literatur. Doch er lehnte ab: Ein politischer Schriftsteller, so Sartre, dürfe grundsätzlich keine Preise annehmen.

Selbstbestimmung des Menschen

Der Leitsatz lautet: Der Mensch ist das, wozu er sich macht. Der Mensch hat das Privileg der radikalen Freiheit. Er kann selbst bestimmen, wer er ist. Frei sein, so Sartre, heißt zum Freisein verurteilt sein. Das bedeutet: Freiheit schließt Verantwortung für sich selbst ein. Was der Mensch tut oder nicht tut, was er ist oder nicht ist, bestimmt er selbst. Mit dieser Auffassung geht Sartre in Opposition zu jenen Philosophen, die lehren,

Der politisch aktive Sartre prägte auch die alternative Kultur: links ein Graffiti zu dem von ihm vertretenen Existenzialismus.

Im Sinne des Existenzialismus plädiert Sartre für die radikale Freiheit des Menschen. Dieser bestimmt selbst, was er tut oder nicht tut, und hat damit die Verantwortung für sich selbst.

der Mensch sei das Produkt abstrakter Bestimmungen seines Wesens.

Wie seine Partnerin Simone de Beauvoir war Sartre alles andere als ein Schreibtischgelehrter. Mit seinem politischen Engagement und seinem kritischen, freiheitlichen Geist wurde er in den 1960er-Jahren zur Ikone der Studentenbewegung, gleichzeitig aber auch zum Bürgerschreck.

Albert Camus' Romane gehören zu den meistgelesenen ihrer Zeit.

ALBERT CAMUS (1913 – 1960)

Existenzialismus – Philosophie des Absurden

Unter den französischen Existenzialisten nimmt Albert Camus einen besonderen Platz ein. In Algerien geboren, avancierte er zu einem der erfolgreichsten Schriftsteller seiner Zeit. 1957 erhielt er den Nobelpreis für Literatur. Seine Romane *L'étranger (Der Fremde,* 1942) und *La peste (Die Pest,* 1947) sind Klassiker der europäischen Literatur.

Das Absurde an der Straßenecke

Als Philosoph war Camus' zentrales Thema das Absurde. Dieses definierte er als die „Gegenüberstellung des Irrationalen und des glühenden Verlangens nach Klarheit, das im tiefsten Innern des Menschen laut wird." Anspringen kann dieses Gefühl der Absurdität einen beliebigen Menschen „an einer beliebigen Straßenecke".

Seine zentrale philosophische Schrift ist der 1942 erschienene Essay *Der Mythos von Sisyphos*. Das Erscheinungsdatum ist kein Zufall: Camus' pessimistische Einstellung zu Leben und Welt war entscheidend vom Erlebnis des Zweiten Weltkriegs geprägt. Sisyphos ist jene tragische Figur des antiken Mythos, der die Götter die Strafe auferlegten, einen schweren Felsblock einen Berg hinauf zu wälzen, was ihm aber regelmäßig misslingt, sodass er die Anstrengung immer wieder von Neuem aufnehmen muss. Camus zufolge zeigt der unerschütterliche Sisyphos dabei „die Größe des modernen Menschen", der sein absurdes Schicksal bewusst erträgt und lebt.

Plädoyer für die Revolte

Neben dem Absurden war Camus' zweites großes Anliegen die Revolte, wobei die Erfahrungen mit dem französischen Widerstand gegen die deutschen Besatzer im Zweiten Weltkrieg Pate standen. Ergebnis dieser Überlegungen war die 1951 erschienene Essay-Sammlung *Der Mensch in der Revolte*. Bewusst schrieb er „Revolte" und nicht „Revolution": Ständige Veränderung im Namen der Menschlichkeit sei wirkungsvoller als ein plötzlicher, gewaltsamer Umschwung. In Anlehnung an René Descartes' berühmte Aussage „Ich denke, also bin ich" fasst er seine Philosophie der Revolte in dem Satz zusammen: „Ich revoltiere, also sind wir."

Tragisch war Camus' Ende: Mit nur 46 Jahren starb er als Beifahrer bei einem Verkehrsunfall.

Camus entwickelte die Philosophie des Absurden: Der Mensch lebt in einem Spannungsverhältnis zwischen der Sinnwidrigkeit der Welt einerseits und seiner Sehnsucht nach Sinn bzw. sinnvollem Handeln andererseits.

SIMONE DE BEAUVOIR (1908 – 1986)

Ikone des Feminismus

Simone de Beauvoir, in Paris geboren und auch gestorben, stammte aus einem gutbürgerlichen Milieu. Sie gehörte zum Kreis der französischen Existenzialisten, berühmt aber wurde sie als Vorkämpferin für die Rechte der Frau. Persönlich pflegte sie eine lebenslange, intensive, intellektuell inspirierende Freundschaft zu Jean-Paul Sartre.

Führungsrolle des Mannes

1949 veröffentlichte sie ihr bekanntestes Werk *Le deuxième sexe* (*Das andere Geschlecht*). Die Frau, so führt sie in diesem Buch aus, ist nicht von Natur aus dem Mann untertan. Das Patriarchat, also die Gesellschaftsordnung, in der der Mann in Politik, Gesellschaft und Familie eine Führungsrolle spielt, ist nicht durch geschlechtsbezogene Eigenschaften, sondern sozial und durch Konventionen bedingt.

Frauen sind Objekte

Simone de Beauvoir geht bei ihrer Analyse vom Existenzialismus aus. Sie bekämpft die Auffassung, der Mann sei ein absolutes, geradezu notwendiges Wesen, während die Frau nur in Relation zum Mann definiert werde. Frauen werden vom Beginn ihres Lebens an in eine Rolle gezwängt, deren Normen von der Außenwelt bestimmt werden. Frauen müssen zurückhaltend, höflich, scheu sein und natürlich auch gut aussehen. Wie alle Menschen sind aber auch Frauen, schreibt sie der Männerwelt ins Stammbuch, frei geborene Geschöpfe. Doch vom Zeitpunkt ihrer Geburt an müssen sie den Erwartungen entsprechen, die von der Gesellschaft an sie gerichtet werden. Männer, so lautet ihre Formel, seien Subjekte, Frauen Objekte.

> „Man kommt nicht als Frau zur Welt, man wird es.

Diese Ideen führte Simone de Beauvoir 1958 in ihrer Autobiografie *Mémoires d'une jeune fille rangée (Memoiren einer Tochter aus*

1960, kurz nach der Revolution auf Kuba, besuchten Jean-Paul Sartre und Simone de Beauvoir Fidel Castro auf der Insel.

Die streitbare Französin provozierte mit ihren Thesen die Männerwelt und ermutigte die Frauen. Bis heute übt sie mit ihrer feministischen Philosophie eine große Wirkung aus.

gutem Hause) weiter aus, in der sie ihren eigenen Weg zur Emanzipation schildert. Aufsehen erregte sie auch mit ihrer Forderung nach dem Recht auf Abtreibung. Bereits 1945 gründete sie mit Sartre die literarisch-politische Zeitschrift *Les Temps Modernes*.

2003 wurde auf dem Campus der Universität in Frankfurt/Main ein Denkmal für Adorno errichtet. Vieles an dem Schreibtisch nimmt Bezug auf Adornos Leben und Wirken.

THEODOR W. ADORNO (1903 – 1969)

Die Frankfurter Schule

Die Frankfurter Schule drückte in den 1960er-Jahren nicht nur der philosophischen Diskussion in der Bundesrepublik Deutschland ihren Stempel auf. Sie prägte auch die politischen und gesellschaftlichen Debatten in dieser Zeit. Großen Anteil daran hatte einer ihrer bekanntesten Vertreter: Theodor W. Adorno.

Politik und Ökonomie

Das Institut für Sozialforschung, bereits 1923 an der Goethe-Universität in der Mainmetropole gegründet, wurde nach dem Zweiten Weltkrieg Treffpunkt und Wirkungsstätte vieler prominenter Philosophen und Soziologen. Das Profil der Frankfurter Schule war die kritische Theorie, ein Begriff, den Max Horkheimer (1895 – 1973) bereits 1937 in seinem programmatischen Aufsatz *Traditionelle und kritische Theorie* eingeführt hatte. Die kritische Theorie war eine politische und ökonomische Lehre. Sie richtete sich gegen das kapitalistische System der westlichen Industriestaaten mit all seinen Auswirkungen auf das öffentliche und private Leben. Politisch stand sie dem Marxismus nahe.

Das Ziel der Frankfurter Schule bestand darin, die nach ihrer Auffassung autoritären Herrschaftsmechanismen der Gesellschaft aufzudecken und ein Forum für den mündigen Bürger in einem auf den Prinzipien der Vernunft basierenden Staat zu schaffen. Neben Walter Benjamin (1892 – 1940) als frühem Vertreter und Max Horkheimer war Theodor W. Adorno führender Kopf der Frankfurter Schule. Aus seiner Feder stammen grundlegende Werke wie die *Dialektik der Aufklärung* (Essays zusammen mit Max Horkheimer, 1944), *Zur Metakritik der Erkenntnistheorie* (1956) und die *Negative Dialektik* (1966).

Theodor W. Adorno – was bedeutet das W. in seinem Namen? Es ist nicht etwa die Abkürzung eines zweiten Vornamens. Das W. steht für Wiesengrund, denn er wurde als Theodor Ludwig Wiesengrund geboren. Den Namen Adorno übernahm er von seiner Mutter.

68er-Bewegung

Der Einfluss der Frankfurter Schule auf das intellektuelle Leben in der Bundesrepublik war beträchtlich. Die studentische 68er-Bewegung wäre ohne ihre Ideen nicht denkbar gewesen. Andererseits war das Verhältnis der 68er zu Adorno nicht ungetrübt. 1969 besetzten Studierende Adornos Institut für Sozialforschung, weil sie ihn für zu theorielastig hielten.

Die Frankfurter Schule entwickelte die kritische Theorie. Diese richtet sich gegen die kapitalistischen Mechanismen und zielt auf die Veränderung der gesellschaftlichen Verhältnisse.

JÜRGEN HABERMAS (GEB. 1929)

(Vor-)Denker der Gegenwart I

Der gebürtige Düsseldorfer Jürgen Habermas gehört zu den auch über die Fachkreise hinaus bekannten, international renommierten deutschen Philosophen und Soziologen. Er studierte in Frankfurt/Main bei Max Horkheimer und Theodor W. Adorno. Bis 1994 hatte er an der Frankfurter Universität eine Professur für Philosophie inne.

Großer Aufklärer

Habermas knüpft bei seinen Forschungen an die kritische Theorie an und entwickelte sie in seinen Hauptwerken *Strukturwandel der Öffentlichkeit* (1962), *Erkenntnis und Interesse* (1968), *Theorie des kommunikativen Handelns* (1981) und *Faktizität und Geltung* (1992) weiter. Bis heute gelten diese Werke als Klassiker. Habermas ist der große Aufklärer. Er reiht sich in die gut besetzte Gruppe jener Philosophen ein, die nicht abgeschirmt von der Welt im akademischen Elfenbeinturm sitzen, sondern aktiv an politischen und gesellschaftlichen Debatten teilnehmen. Es gibt kaum ein aktuelles Thema, zu dem der streitbare Philosoph nicht einen Beitrag geleistet hätte. So konstatiert er aus der Geschichte heraus einen Verfall der bürgerlichen Öffentlichkeit.

Diskursethik

Ein wichtiges Thema stellt für Habermas die Kommunikation dar. Berühmt ist seine Diskursethik. Diskurs ist für ihn eine „Form der Kommunikation, in der problematisch gewordene Geltungsansprüche zum Thema gemacht und auf ihre Berechtigung hin untersucht werden". Solche Diskurse finden auf verschiedenen Ebenen statt. Habermas unterscheidet zwischen einer logisch-semantischen, einer dialektischen und einer rhetorischen Ebene. Sie besagen: Ein Sprecher darf sich nicht selbst widersprechen,

Jürgen Habermas mischt sich auch aktiv in aktuelle Debatten ein (Foto von 2012 anlässlich der Verleihung des Heinrich-Heine-Preises).

darf nur behaupten, was er selbst glaubt, und darf sich, wenn er qualifiziert ist, an Diskursen aller Art beteiligen.

Der Vernunft auf der Spur

Müde wird der emsige Philosoph selbst im hohen Alter nicht. 2019 legte der 90-jährige Habermas ein 1700 Seiten starkes Buch mit dem Titel *Auch eine Geschichte der Philosophie* vor. In dem Werk geht es also zwar auch um Philosophie, es ist aber nicht zuletzt eine aktuelle Einmischung zu Fragen des Verhältnisses von Glauben und Wissenschaft.

Habermas gehört zu den renommiertesten Gegenwartsphilosophen. Er arbeitet u. a. zu den Themen Aufklärung und Diskursethik und gibt Impulse für das kommunikative Handeln in der postmodernen Gesellschaft.

JOHN RAWLS (1921 – 2002)
MICHAEL SANDEL (GEB. 1953)

(Vor-)Denker der Gegenwart II

John Rawls lehrte Philosophie an der Universität Harvard und dort ist heute auch Michael Sandel tätig. Sie sind beide Ikonen der modernen politischen Philosophie. Doch in ihren Methoden und Aussagen unterscheiden sich Rawls und Sandel grundlegend.

John Rawls: Grundsätze der Gerechtigkeit

Über die Fachkreise hinaus sorgte Rawls mit dem Werk *A theory of justice* (*Eine Theorie der Gerechtigkeit*, 1971) für Furore. Darin formuliert er, in modernisiertem Anschluss an die Lehren von Locke, Rousseau und Kant, zwei Grundsätze der Gerechtigkeit unter den Bedingungen gesellschaftlicher Ungleichheit: Jedermann hat gleiches Recht auf das umfangreichste Gesamtsystem gleicher Grundfreiheiten, das für alle möglich, aber in der Praxis nicht für alle realisierbar ist. Soziale und wirtschaftliche Ungleichheiten müssen daher folgendermaßen beschaffen sein: (a) Sie müssen den am wenigsten Begünstigten den größtmöglichen Vorteil bringen, und (b) sie müssen mit Ämtern und Positionen verbunden sein, die allen gemäß fairer Chancengleichheit offenstehen.

Michael Sandel: Die Lehre des Kommunitarismus

Michael Sandel ist, wie Rawls es war, Professor für Politische Philosophie an der Universität Harvard. Damit sind die Gemeinsamkeiten der beiden Gelehrten aber auch schon erschöpft. Sandel übt heftige Kritik an Rawls' Theorien. Er gilt als einer der Wegbereiter einer kommunitaristischen Kritik an der philosophischen Freiheitslehre. Kommunitaristisch, abgeleitet vom lateinischen *communitas* („Gemein-

Der medienaffine Michael Sandel 2023 in Köln auf dem Philosophiefest phil.COLOGNE.

schaft“), heißt: Der Einzelne hat Verantwortung für die Gesellschaft und die Familie, und diese Verantwortung schränkt die individuelle Freiheit ein. Der Staatsbürger ist Teil einer Zivilgesellschaft. Erstmals formulierte Sandel diese Auffassungen in dem Buch *Liberalism and the limits of justice* von 1982.

Große mediale Reichweite

Ein Philosoph als erfolgreicher Autor – das kommt nicht häufig vor. Michael Sandel gehört in diese Kategorie. Titel wie (in deutscher Übersetzung) *Vom Ende des Gemeinwohls* (2020) und *Das Unbehagen in der Demokratie* (1996, erweiterte Neuausgabe 2023) verkaufen sich sehr gut. Außerdem nutzt Sandel moderne Medien: Oft tritt der eloquente Professor im TV und in Podcasts auf.

In der politischen Philosophie ist eine Kontroverse entbrannt: Einer liberalen Theorie der Gerechtigkeit steht eine kommunitaristische, also an der Gemeinschaft orientierte Lehre gegenüber.

Michel Foucault (links) und Jacques Derrida werden zu den Poststrukturalisten gezählt.

MICHEL FOUCAULT (1926 – 1984)
JACQUES DERRIDA (1930 – 2004)

(Vor-)Denker der Gegenwart III

Der französische Philosoph Michel Foucault war einer der einflussreichsten Vertreter der modernen Philosophie. Zentrale Gegenstände seines Denkens waren die wissenschaftliche und gesellschaftliche Macht. Jacques Derrida, ebenfalls ein herausragender Philosoph der nahen Vergangenheit, beschäftigte sich in seiner *Grammatologie* mit dem Verständnis von Texten.

Michel Foucault: Wahn ist keine Krankheit

Das große Thema des Gelehrten war die „Geschichte des Wahns im Zeitalter der Vernunft". So lautet der Untertitel seines Werkes *Wahnsinn und Gesellschaft*, das 1961 unter dem französischen Originaltitel *Folie et déraison* erschien. Darin behandelt er die Geschichte des Wahnsinns vom 16. bis zum 18. Jh. – auf den Gebieten der Politik, der Philosophie und der Medizin. Gleichzeitig erzählt er die Geschichte der Vernunft. Beides sieht er als eine Einheit an. Wahnsinn ist seiner Ansicht nach keine Krankheit, sondern vielmehr eine besondere Form der Erkenntnis. Nach Foucault ist die Vernunft gekennzeichnet durch „die gnadenlose Sprache des Nicht-Wahnsinns".

Foucault gilt als einer der führenden Vertreter des vor allem in Frankreich populären Poststrukturalismus. Diesen Ruf verdankt er seinem Werk *Archäologie des Wissens* von 1969. Die Vorsilbe „Post" hebt ihn vom Strukturalismus ab. Betonen die Strukturalisten den Vorrang des Systems vor den einzelnen Menschen, so sehen die Poststrukturalisten die Realität in Zeichen und Zeichensystemen verwirklicht. Diese Philosophie weist eine Nähe zu Linguistik und Literaturwissenschaft auf.

Jacques Derrida: Dekonstruktion und Grammatologie

Viele Theorien werden heute mit dem Begriff „Poststrukturalismus" versehen, so auch die Ansichten des französischen Gelehrten Jacques Derrida. Die spezielle Richtung, die er vertritt, trägt den Namen Dekonstruktion. Hinter dieser Bezeichnung verbirgt sich eine bestimmte Art des Verständnisses von Texten. Es gebe, so Derrida, einen Widerspruch zwischen dem, was ein Autor mit seinem Text sagen will, und dem, was der Text selbst aussagt. Entwickelt und dargelegt hat er diesen Gedanken in seiner *Grammatologie* von 1983.

Foucault und Derrida gehören zu den wichtigsten Poststrukturalisten der Gegenwart. Foucault befasst sich mit Wahn und Vernunft, Derrida mit der Dekonstruktion, einer Kombination aus den Begriffen Destruktion und Konstruktion.

PETER BIERI (1944 – 2023)
PETER SLOTERDIJK (GEB. 1947)

(Vor-)Denker der Gegenwart IV

Sprache war eines der Themen von Peter Bieri, der als Pascal Mercier mit dem Roman *Nachtzug nach Lissabon* einen Bestseller schrieb. Peter Sloterdijk ist als Buchautor ebenfalls sehr erfolgreich, auch wenn seine Bücher durchaus unbequem sind.

Peter Bieri: Gedanken und Sprache

Als Philosoph war der Schweizer auf verschiedenen Gebieten unterwegs. So befasste Bieri sich mit den klassischen Philosophiefeldern Erkenntnistheorie und Ethik, aber auch mit der Analytischen Philosophie, in deren Mittelpunkt die Sprache steht. Und die Sprache stand dann auch im Zentrum seiner Arbeiten – in den unterschiedlichsten Zusammenhängen. Wie setze ich Gedanken in die angemessene Sprache um, fragt Bieri und liefert eine der Antworten mit seinen Romanen – neben *Nachtzug nach Lissabon* (2004) z. B. noch *Perlmanns Schweigen* (1995), *Der Klavierstimmer* (1998) oder *Das Gewicht der Worte* (2020) . Sie sind kein Ausflug in eine andere Welt, sondern elementarer Bestandteil seines sprachphilosophischen Wirkens.

> "Früher hat man gebetet, heute hat man eben das Handy.
>
> Peter Sloterdijk

Peter Sloterdijk: Zynische Vernunft

Sloterdijk hat es geschafft, Philosophie in der modernen Welt gesellschaftsfähig zu machen. Die Liste seiner Bücher ist beeindruckend lang. Zu den verschiedensten politischen und gesellschaftspolitischen Themen steuert er seine Meinung bei, manchmal kontrovers und nicht immer bequem. Zu seinen einflussreichsten Schriften gehört die 1983 veröffentlichte *Kritik der zynischen Vernunft*. Die Ähnlichkeit des Titels mit Kants

Peter Sloterdijk (links) ist ein scharfer Kritiker des Zeitgeschehens, Peter Bieri war nicht nur Philosoph, sondern auch ein erfolgreicher Romanautor.

Kritik der reinen Vernunft ist natürlich kein Zufall. Wie Kant geht es auch Sloterdijk um Aufklärung. Doch für ihn steht der Aufklärung ein falsches Bewusstsein gegenüber: Zynismus ist das aufgeklärte falsche Bewusstsein, so Sloterdijk.

2023 erschien sein Buch *Die Reue des Prometheus*. Prometheus, glaubten die antiken Griechen, habe den Menschen das Feuer gebracht. Die heutigen Menschen aber sind, laut Sloterdijk, Brandstifter, die überall Feuer legen – eine Anspielung auf Umweltsünden und Klimawandel. Angesichts dessen würde Prometheus seine einst segensreiche Tat heute bereuen.

Bieri beschäftigte sich stark mit der Analytischen Philosophie, die sich mit Sprache in all ihren Erscheinungsformen befasst. Sloterdijk, als Kritiker des Zeitgeschehens, ersetzt Kants reine Vernunft durch die zynische Vernunft.

Die Philosophie von Karl Marx und Friedrich Engels hatte großen Einfluss auf politische Systeme auf der ganzen Welt.

Neuzeit & Gegenwart

1 Nach Arthur Schopenhauer ist „alles Leben …“

- ☐ Glück
- ☐ Schicksal
- ☐ Gebet
- ☐ Leid

2 Genie und Wahnsinn – welcher Philosoph verbrachte die letzten Jahre seines Lebens in geistiger Umnachtung?

- ☐ Friedrich Engels
- ☐ Friedrich Nietzsche
- ☐ Ludwig Wittgenstein
- ☐ Karl Popper

3 Wer lehnte 1964 den Nobelpreis für Literatur ab?

- ☐ Jean-Paul Sartre
- ☐ Simone de Beauvoir
- ☐ Albert Camus
- ☐ Michel Foucault

4 Welche Figur der griechischen Mythologie stand Pate für einen bedeutenden Essay von Albert Camus?

- ☐ Ikarus
- ☐ Prometheus
- ☐ Sisyphos
- ☐ Odysseus

5 In welchem Jahrzehnt erlangte die „Frankfurter Schule“ Bedeutung?

- ☐ 1950er-Jahre
- ☐ 1960er-Jahre
- ☐ 1970er-Jahre
- ☐ 1980er-Jahre

6 Wann wurde der Gegenwartsphilosoph Jürgen Habermas geboren?

- ☐ 1924
- ☐ 1929
- ☐ 1935
- ☐ 1942

7 John Rawls und Michael Sandel lehrten beide an der Universität …

- ☐ Stanford
- ☐ Oxford
- ☐ Cambridge
- ☐ Harvard

8 Welcher Philosoph veröffentlichte unter dem Künstlernamen Pascal Mercier den Roman *Nachtzug nach Lissabon*?

- ☐ Peter Bieri
- ☐ Peter Sloterdijk
- ☐ Jacques Derrida
- ☐ John Rawls

Lösungen

Antike S. 39

1 Thales von Milet sagte 585 v. Chr. eine Sonnenfinsternis voraus.

2 Nach Demokrit besteht der Mensch aus dem Nichts sowie aus Atomen.

3 Sokrates hat der Nachwelt kein Werk hinterlassen.

4 Platon war Sokrates' Schüler.

5 Aristoteles zufolge lässt es sich am besten im Gehen denken.

6 Der Mensch sollte laut Epikur vor allem nach Freude streben.

7 Mark Aurel verfasste die von der Stoa inspirierten *Selbstbetrachtungen*.

8 Cicero meinte, der Staat sei Sache des Volkes.

Mittelalter S. 63

1 Der Mensch soll Boethius zufolge sein Glück in Gott finden können.

2 Aristoteles war Avicennas großes Vorbild.

3 Anselm von Canterbury wollte die Existenz Gottes wissenschaftlich beweisen.

4 Abaelard ist für seine tragische Liebesgeschichte bekannt.

5 Bernhard von Clairvaux ist der Patron der Imker.

6 Bernhard von Clairvaux wird folgende Aussage zugeschrieben: „Glühen ist mehr als Wissen".

7 Hildegard von Bingen wurde 1098 geboren.

8 Thomas von Aquin gehörte dem Orden der Dominikaner an.

Renaissance & Humanismus S. 87

1 Erasmus von Rotterdam beschäftigte sich in seinen Schriften besonders mit dem Thema Frieden.

2 Das Erasmus-Programm für Studierende wurde nach Erasmus von Rotterdam benannt.

3 Johannes Reuchlin gilt als Mittler zwischen Christentum und Judentum.

4 Nach Machiavelli muss ein Herrscher, der erfolgreich sein will, halb Mensch sein, halb Tier.

5 Das philosophische Hauptwerk von Thomas Morus macht die Leserschaft vertraut mit der Insel Utopia.

6 Eine Schrift von Michel de Montaigne hat den Titel „Philosophieren heißt sterben lernen".

7 Der Empirismus betrachtet die Erfahrung als Schlüssel zu Erkenntnissen über die Welt.

8 Francis Bacon wurde angedichtet, Ghostwriter William Shakespeares zu sein.

Aufklärung & Idealismus S. 119

1 Thomas Hobbes lieferte die philosophische Grundlage für den Absolutismus.

2 René Descartes war nicht nur Philosoph, sondern auch Soldat.

3 John Locke zufolge muss eine Regierung vorrangig das Wohl der Menschen bezwecken.

4 Baruch de Spinoza wurde in Amsterdam geboren.

5 Die Vornamen von Leibniz lauten Gottfried Wilhelm.

6 Kants *Kritik der reinen Vernunft* erschien 1781.

7 Mitgründer und erster Rektor der Berliner Universität war Johann Gottlieb Fichte.

8 Friedrich Wilhelm Joseph Schelling war am Silvesterabend 1800 bei Johann Wolfgang von Goethe zu Gast.

Neuzeit & Gegenwart S. 153

1 Nach Arthur Schopenhauer ist „alles Leben Leid".

2 Friedrich Nietzsche verbrachte die letzten Jahre seines Lebens in geistiger Umnachtung.

3 Jean-Paul Sartre lehnte 1964 den Nobelpreis für Literatur ab.

4 Sisyphos stand Pate für einen bedeutenden Essay von Albert Camus.

5 Die „Frankfurter Schule" erlangte in den 1960er-Jahren Bedeutung.

6 Jürgen Habermas wurde 1929 geboren.

7 John Rawls und Michael Sandel lehrten beide an der Universität Harvard.

8 Peter Bieri veröffentlichte unter dem Künstlernamen Pascal Mercier den Roman *Nachtzug nach Lissabon*.

Literaturverzeichnis

Ferdinand Fellmann (Hrsg.): Geschichte der Philosophie im 19. Jahrhundert. Positivismus, Linkshegelianismus, Existenzphilosophie, Neukantianismus, Lebensphilosophie, 1996

Karl Flasch: Das philosophische Denken im Mittelalter. Von Augustin zu Machiavelli, 4. Auflage 2020

Johannes Haag/Markus Wild: Philosophie der Neuzeit. Von Descartes bis Kant, 2019

Eckhard Keßler: Die Philosophie der Renaissance: Das 15. Jahrhundert, 2008

Geoffrey S. Kirk/John E. Raven/Malcolm Schofield: Die vorsokratischen Philosophen. Einführung, Texte und Kommentare, Studienausgabe 2001

Anthony A. Long (Hrsg.): Handbuch Frühe Griechische Philosophie. Von Thales bis zu den Sophisten, 2001

Peter Pütz: Die deutsche Aufklärung, 1991

Wiebrecht Ries: Die Philosophie der Antike, 2. Auflage 2010

Wolfgang Röd (Hrsg.): Geschichte der Philosophie, 14 Bände, 1976 – 2019; Sonderausgabe 2021

Peter Schulthess/Ruedi Imbach: Die Philosophie im lateinischen Mittelalter. Ein Handbuch mit einem bio-bibliographischen Repertorium, 1996

Wolfgang Stegmüller: Hauptströmungen der Gegenwartsphilosophie, 4 Bände, 1952 – 1989

Barbara Stollberg-Rilinger: Die Aufklärung. Europa im 18. Jahrhundert, 5. Auflage 2021

Jan Urbich: Philosophie. 19. Jahrhundert, 2016

Bernhard Waldenfels: Einführung in die Phänomenologie, 1992

Rolf Wiggershaus: Die Frankfurter Schule. Geschichte. Theoretische Entwicklung. Politische Bedeutung, 7. Auflage 2001

Leseempfehlungen

KLASSIKER DER PHILOSOPHIE – AUSWAHL

Platon: Politeia (Der Staat), um 375 v. Chr.

Aristoteles: Nikomachische Ethik, ca. 335 – 323 v. Chr.

Augustinus: Vom Gottesstaat, 1413 – 1426

René Descartes: Meditationen über die erste Philosophie, 1641

Immanuel Kant: Kritik der reinen Vernunft, 1. Aufl. 1781, 2. Aufl. 1787

Georg Wilhelm Friedrich Hegel: Phänomenologie des Geistes, 1807

Friedrich Nietzsche: Also sprach Zarathustra, 1883 – 1885

Karl Popper: Logik der Forschung, 1934

Simone de Beauvoir: Das andere Geschlecht, 1949

Jürgen Habermas: Strukturwandel der Öffentlichkeit, 1962

EMPFEHLUNGEN

Jostein Gaarder: Sofies Welt. Roman über die Geschichte der Philosophie, 2000

Christoph Helferich: Geschichte der Philosophie. Von den Anfängen bis zur Gegenwart und Östliches Denken, 4. Auflage 2012

Martin F. Meyer: Illustrierte Geschichte der Philosophie, 2016

Jay F. Rosenberg: Philosophieren. Ein Handbuch für Anfänger, 6. Auflage 2009

Hans Jörg Sandkühler (Hrsg.): Philosophie, wozu? 2007

Eva Stollreiter (Red.-Ltg.): Der Brockhaus: Philosophie. Ideen, Denker und Begriffe, 2. Auflage 2008

Wilhelm Weischedel: Die philosophische Hintertreppe. Die großen Philosophen in Alltag und Denken, 1966/1992

Register

BILDNACHWEIS

Umschlagmotive: akg-images: De Agostini Picture Lib./G. Dagli Orti (2. v. l.); picture alliance: Everett Collection (Mi.), ullstein bild/Archiv Gerstenberg (2. v. r.); stock.adobe.com: © Arcady (Icon Doktorhut), © Juulijs (re.), © Georgios Kollidas (li.)

akg-images: 29, 32, 86, 129, 142 u., Album/Oronoz (124), brandstaetter images/Franz Hubmann (134), Johann Brandstetter (84), Collection Joinville (88/89), De Agostini Picture Lib./G. Dagli Orti (3 (2. v. l.)), Denise Bellon (120/121), Fototeca Gilardi (90, 146), Mondadori Portfolio/2000 (17 l.), Science Photo Library (17 r.), Science Source (5), sciencesource/Rapho Agence (137 r.), Michael Teller (2 (2. v. r.), 57 u.), TT News Agency (2 l., 138), Eric Vandeville 15, Anna Weise (148 r.), WHA/World History Archive (105)

Interfoto: Walter Allgoewer (62), DanielD (94), Friedrich (135), Granger, NYC (44, 83, 118), La Collection/Léon Herschtritt (7), Mary Evans (115), Mary Evans/Marx Memorial Library (137 l.), PHOTOAISA (47), Sammlung Rauch (12, 74, 111, 116), V & A Images (10/11)

mauritius images: Alamy/Tolo Balaguer (67), Alamy/Ian Dagnall Computing (59, 131), Alamy/Darling Archive (51), Alamy/Hercules Milas (38), Alamy/Historic Images (123), Alamy/Peter Horree (25), Alamy/Pictorial Press (113), Alamy/The Picture Art Collection (48, 64/65), Alamy/World History Archive (37), Egon Bömsch (61), imagebroker/Schoening (142 o.), Pitopia (152), Science Source (4, 97)

picture alliance: Artcolor (40/41), CPA Media/Alberto Korda (141), dpa/afp (148 l.), dpa/CTK/Josef Vostarek (69), dpa/Martin Gerten (2 r., 145), dpa/Holger Hollemann (102 o.), dpa/Wöstmann (126), Everett Collection (3 M.), Fine Art Images/Heritage Images (98), imagebroker/Bildverlag Bahnmüller (70), Keystone/EPA/Marcel Bieri (151 u.), Leemage (107), Leemage/Isadora (26), Leemage/The Holbarn Archive (22), Mary Evans Picture Library (34), opale.photo (101), Panama Pictures/Dwi Anoraganingrum (147), Panama Pictures/Christoph Hardt (151 o.), Photoshot (133), ullstein bild/Archiv Gerstenberg (3 (2. v. r.), 43), ZB/Volkmar Heinz (108)

stock.adobe.com: © Vangelis Aragiannis (18), © EdNurg (6), © Ferenc (2 (2. v. l.)), © Halfpoint (31), © Jackson (30), © jorisvo (21), © Juulijs (3 r.), © Sergey Kohl (54 l.), © Georgios Kollidas (3 l., 93, 102 u.), © Nikolai Korzhov (77), © PackShot (8), © Lefteris Papaulakis (33), © Stockfotos (57 o.), © Thaut Images (132), © vichie81 (68), © VISIONARTIST (80), © wowinside (79), © zatletic (53)

Autor: Prof. Dr. Holger Sonnabend
Redaktion und Realisation: red.sign GbR, Stuttgart
Cover- und Logo-Gestaltung: Christian Zanotelli

DIE RENTNER-UNI